El relato de la conquista de Ejea

José Ignacio López Susín
Elena Piedrafita Pérez
Roberto Viruete Erdozáin
Alejandro Pardos Clavo

Biblioteca de las Lenguas de Aragón
N° 27

aLaDraDa
ediciones

Biblioteca de las Lenguas de Aragón
Nº 27

© De los textos e ilustraciones, sus autores

© De esta edición: Sociedad Cultural Aladrada

Idea de cubierta: Daniel Viñuales

Edita:

Aladrada ediciones

aladrada@gmail.com / https://aladrada.org/

Colaboran:

  Centro de Estudios de las Cinco Villas
  (Institución Fernando el Católico, Diputación de
  Zaragoza)

  Ayuntamiento de Ejea de los Caballeros

Diseño y maquetación: GP Ediciones

Imprime: Cometa Artes Gráficas

ISBN 978-84-128856-0-6

Depósito Legal: Z 2043-2024

Este libro ha contado con una Ayuda a la Edición del
Departamento de Educación, Cultura y Deporte del
Gobierno de Aragón

Índice

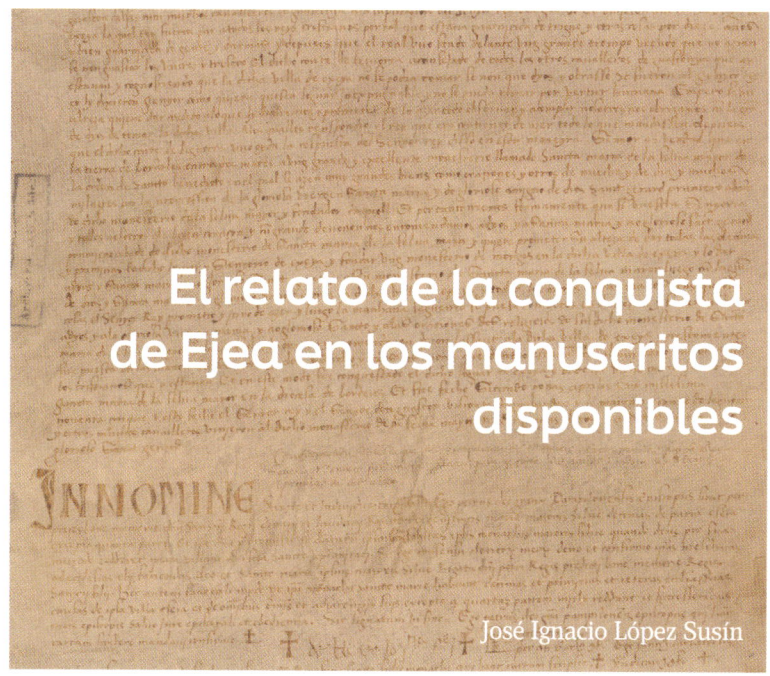

El relato de la conquista de Ejea en los manuscritos disponibles

José Ignacio López Susín

Tuvimos conocimiento de la existencia de este importante documento gracias a Rafael Yuste, de la editorial Prames, quien, encontrándose en la Feria del libro de Bagnères de Bigorre, en septiembre de 2023, se puso en contacto con nosotros porque en el *Bulletin de la Société Ramond*, número 154, correspondiente al año 2019, Francis Beigbeder había publicado un artículo titulado «La prise de Ejea de los Caballeros par le comte de Bigorre et des chevaliers de Gascogne», en el que aportaba una versión en aragonés y en gascón del referido hecho.

Como no es habitual encontrar textos literarios en aragonés de esa época, enseguida le pedimos a Rafael que nos pusiera sobre la pista, enviándonos por gentileza del autor una copia digital del artículo.

A través de él comenzamos a tirar del hilo y encargamos los textos que componen este libro.

BULLETIN
DE LA
SOCIÉTÉ RAMOND
ANNÉE 2019
154e année

SOCIÉTÉ RAMOND  BAGNÈRES - DE - BIGORRE

Pone el contexto histórico del pasaje que recoge el manuscrito que da nombre a este libro la doctora en Historia Elena Piedrafita, investigadora con numerosos trabajos históricos relacionados con las Cinco Villas, cuya tesis doctoral versó precisamente sobre la Edad Media en esta comarca aragonesa.[1]

Roberto Viruete Erdozáin, doctor en Historia, quien ya había trabajado sobre la documentación de la Abbaye de La Sauve-Majeure relativa a la Orden de Alcalá de La Selva[2] y el papel que desempeñó esta en la expansión territorial del reino de Aragón durante el último cuarto del siglo XII y la primera mitad de la centuria siguiente, se encarga del estudio de la relación entre esta abadía y la villa de Ejea.

El filólogo Alejandro Pardos Calvo, finalmente, realiza el estudio lingüístico de las distintas versiones halladas del manuscrito denominado «El sitio de Ejea», que recoge el texto tanto en aragonés como en occitano y en castellano con aragonesismos.

Las versiones del manuscrito

Se trata de una carta dirigida por Francisco Bayetola (de quien luego hablaremos) al abad de la abadía de La Sauve. Le llamaremos **VERSIÓN A***, porque está tomada literalmente del artículo publicado en 1829 en las *Actes de l'Académie Nationale des Sciences, Belles-Lettres et Arts de Bordeaux* (Volume 1 pp. 313-319), por M. Rabanis titulado «Documents extraits du cartulaire de l'Abbaye de la Seauve, sur le prieuré d'Exea, en Aragón», que será la **VERSIÓN A** en nuestro trabajo.

Sello de la Académie Nationale des Sciences, Belles-Lettres et Arts de Bordeaux (1828)

1 PIEDRAFITA PÉREZ, Elena (2005): *Las Cinco Villas en la Edad Media (siglos XI-XIII). Sistemas de repoblación y ocupación del espacio*. Zaragoza, Institución Fernando el Católico, Diputación de Zaragoza.

2 VIRUETE ERDOZÁIN, Roberto (2005-2006: 69-97): «Los documentos de la Orden Militar de Alcalá de la Selva según los cartularios de la Abadía aquitana de la Sauve-Majeure», en *Revista Zurita*, 80-81. Zaragoza, Institución Fernando el Católico, Diputación de Zaragoza.

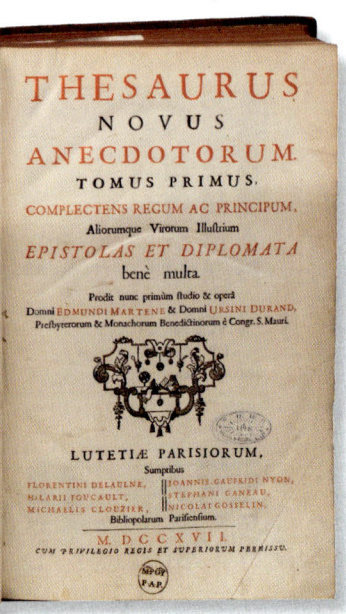

La **VERSIÓN B**, con infinidad de errores de transcripción, aparece en el libro publicado en París (Lutetiae Parisiorum) en 1717, por Edmon Martène y Domni Ursini Durand titulado *Thesaurus novus anecdotorum. Tomus primus, complectens regum ac principum, aliorumque virorum illustrium epistolas et diplomata benè multa.*

Una nueva **VERSIÓN** (la **C**) se encuentra en una escritura presentada en un proceso en 1671 que se seguía ante la Real Audiencia de Aragón sobre el Patronato de las Raciones de Exea, del que están copiados los fragmentos de la versión **C***.[3] Al final del documento se indica una fecha (1110) que podríamos tomar como la del documento original que ha sido copiado, a la espera de una mejor constatación.

La **VERSION C*** la encontramos en *Idea de Exea. Compendio histórico de la muy noble, y leal villa de Exea de los Caballeros* por Joseph Felipe Ferrer y Racaj. Monje prior de Latiesas en el Real Monasterio de San Juan de la Peña... Pamplona, en la imprenta de Benito Cosculluela, Impresor, y Mercader de Libros, 1790.

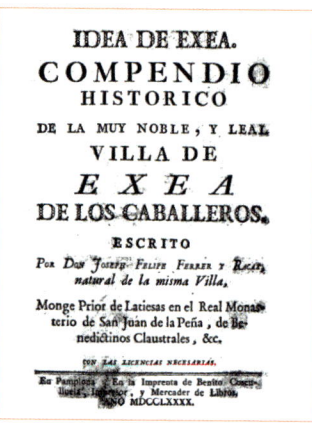

Dicha versión ha podido ser reconstruida gracias a haberse encontrado el pleito en el Archivo Histórico Provincial de Zaragoza[4] siguiendo la

---

3 In Processu Procurat. Fiscalis M.D.N.R. & Conventus, & Monasterii S. Engratiae. Escrib. D. Josef Barrera.

4 «*Proceso de aprehensión a instancia del Prior y monasterio de Santa Engracia de Zaragoza, contra la iglesia del Salvador de Ejea de los Caballeros, sobre posesión de dos raciones*». ES/AHPZ - J/000708/0001.Consultado *in situ* por Miguel Ángel Pellés García y José Ignacio López Susín el 3 de enero de 2024.

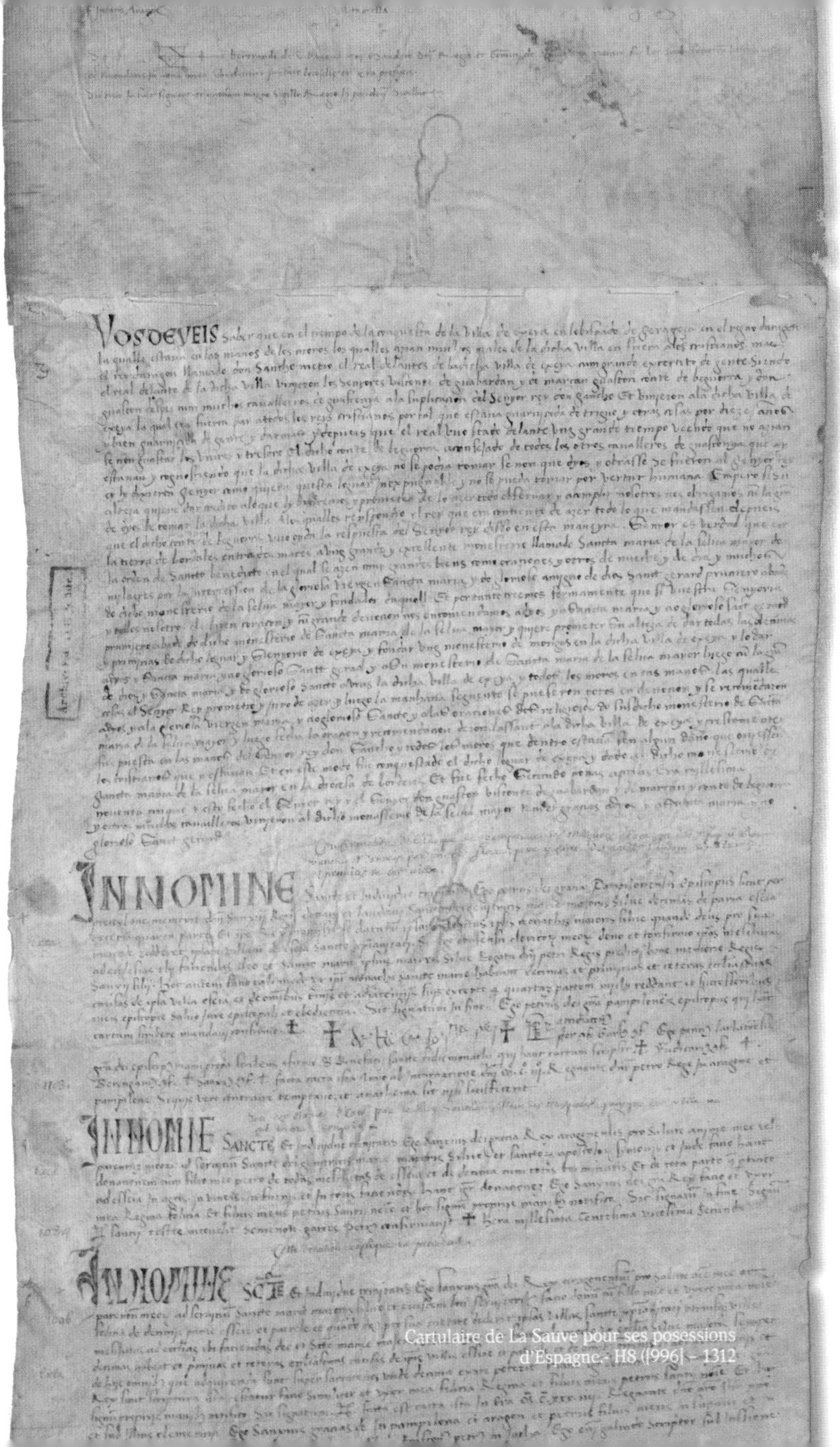

VOSDEVEIS saber que en el tiempo de la conquista de la villa de [...] en [...] de [...] en el regno [...]

[faded Gothic cursive text, largely illegible — several lines of a narrative concerning the conquest of a villa and a monastery called Sancta Maria de la Selva mayor of the order of Sancte Benito]

INNOMINE

✝ ✝ ✝ [signa / crosses]

INNOMINE SANCTE [...]

INNOMINE SCE [...]

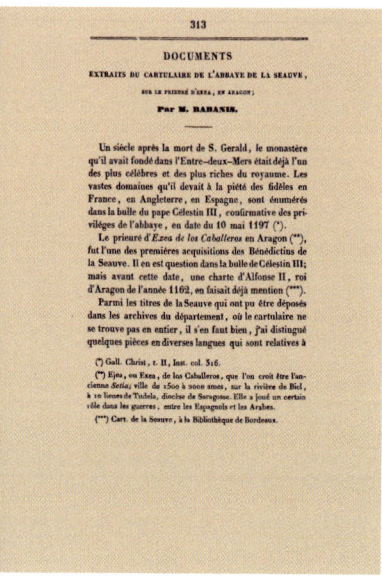

Primera página del artículo de Rabanis en las *Actes de L'Académie...* (1829)

pista aportada por Joseph Felipe Ferrer, para lo que ha sido fundamental la aportación del bibliotecónomo Miguel Ángel Pellés García.

Si los datos que manejamos son correctos, el «Archive Departamental de la Gironde» conserva el denominado Cartulaire de La Sauve pour ses posessions d'Espagne.- H8 ([996] – 1312),[5] que «teóricamente», sería el más cercano a la producción de los hechos y, posiblemente, uno de los primeros en escribirse, se cita como «Relation de la prise d'Ejea (nº 3)». El cartulario contiene un total de 35 documentos, incluido el que nos ocupa. Le llamaremos **VERSIÓN D** o **PRÍNCIPE**, emulando las primeras impresiones de una obra literaria.

La principal diferencia que encontramos entre todas las versiones es la referencia al rey reinante en Aragón en el momento de la conquista. Todas se refieren al rey Sancho, mientras la **VERSIÓN C** habla del rey «Alonso». Efectivamente, Alfonso I era el rey en 1105 al haber heredado el trono de su hermano Pedro I el año anterior. ¿O se refiere al mismo rey puesto que Alfonso también se llamaba Sánchez...? También podría tratarse de una corrección del copista que, sin embargo, fecha el documento original en 1110.

Posiblemente las versiones **A** y **B** provengan del mismo manuscrito, el que se conserva en uno de los cartularios de La Sauve que, por ahora, no hemos podido encontrar, pero del que daremos por buena la transcripción de la **VERSIÓN A**.

En ella, su autor M. Rabanis relata que el priorato de Ejea de los Caballeros en Aragón, fue una de las primeras adquisiciones de los Benedictinos de La Sauve.

5 *Cartulaire de La Sauve pour ses possessions d'Espagne. Archives départementales de la Gironde - Archives départementales de la Gironde.* https://archives.gironde.fr/ark:/25651/vta82669bd143faf507. Consultado el 1 de noviembre de 2023.

Rabanis dice que en un cartulario que no está completo distingue algunas piezas en diversas lenguas por lo que ha decidido publicarlas para que sean estudiadas desde el punto de vista de la gramática y la filología románica. «La pieza que transcribo bajo el número 1 –sigue diciendo– es una leyenda en aragonés antiguo, relativa a la donación de la iglesia de Ejea, con todos sus ingresos, a los monjes de S. Gerald, por el rey de Aragón D. Sancho».[6]

También aquí encontramos una referencia a litigios con el monasterio de Santa Engracia: «Los diversos títulos aquí referidos, fueron producidos con otros menos interesantes para nosotros, con ocasión de un pleito que el monasterio de La Sauve tuvo que sostener en 1562 contra los jerónimos de Santa-Engracia de Zaragoza, por la posesión del priorato de Exea».[7]

Volviendo a la **VERSIÓN A**, el clérigo Francisco Bayetola era notario de Ejea en 1562. Las dos primeras líneas a las que se refiere su certificado dicen lo siguiente: «confrades que entran en la confradia de san Geralt, según se diguen...» (siguen los nombres).

En una carta de 27 de febrero de 1568 al abad de La Seauve se lee el pasaje siguiente:

> En un libro que de nuevo aquí ha parecido, se halla la conquista de Exea, como vera por esta copia V.M.; reconoscera si a y otro tanto en ese archiv.; y si la colación de Mossen Guillem Despiassat, prior que fue de Exea, se halla, me imbie copia della etc.

Rabanis dice a continuación:

> La copia, a la que se refiere este pasaje, era presumiblemente la que encontré en el archivo, y que acabo de leer: pero

---

6 La pièce que je transcris sous le numéro 1 est une legénde en vieux aragonais, relative à la donation de l'Eglise d'Exea, avec tous ses revenus, aux moines de S. Gerald, par le roi d'Aragon D. Sanche.

7 Les différents titres dont est ici question, furen produits avec un certaine nombre d'autres moins interessants pour nous, à l'occasion d'un procès que le monastère de la Seauve eut à soutenir en 1562 contre les Hiéronymites de Sainte-Engrace de Sarragosse, pour la possession du prieuré d'Exea.

tengo alguna dificultad para determinar el significado de las palabras de Bayetola, en relación con la fuente de la que se tomó esta copia. No sabemos si se refiere a una nueva publicación, o al descubrimiento de un manuscrito antiguo, cuando dice: «en un libro que de nuevo aquí ha parecido». Estos términos tal vez se aplicarían más a una publicación que a un descubrimiento; pero, por otro lado, afirma haber visto el manuscrito él mismo en el certificado al pie del título, *lo sobre dito fue sacado... de un libro antigo de pargamino, escrito de mano,* etc.

Sobre Bayetola

Bayetola era un linaje de infanzones aragoneses originarios de Ejea de los Caballeros, documentados desde el siglo XIV;[8] así Sancho Íñigues de Bayetola, vecino de Ejea e hijodalgo, dio un poder para las Cortes de Cariñena de 1357 y Juan Bayetola asistió entre los

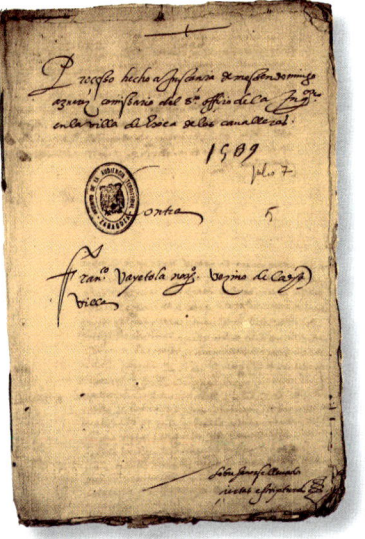

Proceso a Bayetola, 1569

hijosdalgo en las Cortes de Monzón de 1585. Está documentado también que un miembro de este linaje probó su infanzonía en 1645, declarando estar afincado en Zaragoza.

De Francisco Bayetola sí conocemos que era notario de la Inquisición con sede en Ejea y que en su vida se cruzaron algunos episodios que lo presentan como una persona conflictiva, pese a lo cual fue encausado en varias ocasiones. Así, en el Archivo Histórico Nacional (AHN) se conserva un «Proceso criminal contra Francisco Bayetola, notario del Santo Oficio, a instancias de Isabel Blaya, viuda, por abusos sexuales a una hija suya y amenazas a ambas para que guardaran silencio de estos hechos».[9] El expediente se instruyó entre 1556-1560. Po-

---

8 Su escudo nobiliario era: Partido: 1º, de oro con castillo de piedra y segundo losanjado de sinople y oro; bordura lisa de gules. LÓPEZ SUSÍN (Inédito).

9 ES.28079. AHN//INQUISICIÓN,1588,Exp.8.

cos años después (en 1569) se le siguió un proceso a instancia de mosen Domingo Aznar, vicario de Santa María, de la villa de Ejea, y comisario del Santo Oficio, por haberle quitado, Bayetola, «ciertas escrituras», siendo condenado.[10]

En cualquier caso, la familia Bayetola estaba claramente implicada con la Inquisición. Así, Juan Bayetola fue nombrado en 1555 consultor en el Tribunal del Santo Oficio de Zaragoza.[11] En 1623, según Sánchez (1991):

> recomendaban a la Suprema para el cargo de fiscal de la Real Audiencia al Dr. Matías Bayetola, abogado de presos del Santo Oficio que con el tiempo llegaría a ser vicecanciller del Consejo Supremo de Aragón. Los informes sobre sus aptitudes eran excelentes, 'no ay persona p(ar)a dicho officio más a propósito, por ser agora el abogado de más opinión que ay en el (reino) y hombre principal querido y prudente, y de muchos amigos y en ocasión de cortes será de mucha importancia teniendo este officio p(ar)a el servicio de su Mag(esta)d'.

De esta forma, se situaría a una persona «afecta» a la Inquisición en un puesto clave ya que «de ordinario las diferencias, y contenciones q(ue) ay entre la jurisdición real y el Santo Officio las muebe el Abogado fiscal».

Matías Bayetola y Cavanillas (Ejea, 1558 – Madrid, 1654), estudió en la Universidad de Zaragoza donde se doctoró en 1591 y ocupó una cátedra en 1603. Llegó a ser vicecanciller del Consejo Supremo de la Corona de Aragón. Tanto él como su hijo Miguel ingresaron en la Orden de Santiago y Matías en la de Alcántara, convenía estar presente en todos los espacios de poder. Su otro hijo, José, ocupó un puesto en la Audiencia de Aragón.

---

10 ES/AHPZ - J/00035/12. Agradezco a Alejandro Pardos la transcripción paleográfica del documento.

11 SÁNCHEZ (1991: 73-85).

Referencias

ARRIETA ALBERDI, JON: *Matías de Bayetola y Cavanillas*. Real academia de la Historia: https://dbe.rah.es/biografias/57142/matias-de-bayeto-la-y-cavanillas (Consulta 10 de enero de 2025).

BEIGBEDER, FRANCIS (2019): «La prise de Ejea de los Caballeros par le comte de Bigorre et des chevaliers de Gascogne», en *Bulletin de la Société Ramond*, 154. Bagnères de Bigorre.

FERRER Y RACAJ, JOSEPH FELIPE (1790): *Idea de Exea. Compendio histórico de la muy noble, y leal villa de Exea de los Caballeros*. Pamplona, imprenta de Benito Cosculluela.

LÓPEZ SUSÍN, JOSÉ IGNACIO: *Apellidos aragoneses*. Inédito.

MARTÈNE, EDMON & DURAND DOMNI, URSINI (1717): *Thesaurus novus anecdotorum. Tomus primus, complectens regum ac principum, aliorumque virorum illustrium epistolas et diplomata benè multa*. París, Lutetiac Parisiorum.

NICOLÁS-MINUÉ SÁNCHEZ, ANDRÉS J. (INTRODUCCIÓN, TRANSCRIPCIÓN E ÍNDICES) (2018): *Familias Nobles de Aragón Linages de Nobles e Infanzones del Reyno de Aragon y sus decendencias escritos por Juan Mathias Estevan*. Zaragoza, Institución Fernando el Católico, Diputación de Zaragoza.

RABANIS, M. (1829): «Documents extraits du cartulaire de l'Abbaye de la Seauve, sur le prieuré d'Exea, en Aragón», en *Actes de l'Académie Nationale des Sciences, Belles-Lettres et Arts de Bordeaux,* V.1, pp. 313-319. Bordeaux.

SÁNCHEZ, PILAR (1991): «Inquisición y juristas aragoneses en los siglos xvi y xvii», en *Revista Zurita*, 63-64, pp. 73-85. Zaragoza, Institución Fernando el Católico, Diputación de Zaragoza.

El contexto: la conquista del valle de los Arbas

Elena Piedrafita Pérez

Precedentes

Nos situamos en los comienzos del siglo X, momento en que la nueva dinastía Jimena toma las riendas del vecino reino de Pamplona. Sancho I Garcés será el hombre del momento, con una ambiciosa política de ampliación territorial. Sus primeras operaciones tendrán por objetivo anular la influencia de los Banu Qasi, muladíes que habían señoreado las tierras de la Marca Superior en su zona oriental: Tudela-Ejea y Zaragoza. Nada más comenzar su reinado, interviene en las tierras de la Valdonsella, tomando el *hisn* islámico de Luesia (posteriormente perdido en 911) y Uncastillo (915). Las noticias en que se narran estos hechos son cuestionables, pero en cualquier caso es verosímil que el rey pamplonés dominara Sos y Uncastillo, e incluso debió de intentar conquistar Ejea sin éxito, pues será recuperada por los islámicos en 907-908.

Hacia mediados de siglo los pamploneses consiguen afianzar una serie de plazas: Sos, Lobera, Cercastiel, Uncastillo, Castellón, Sibirana, Luesia, Biel, en la Valdonsella; y más al este, ya en el Gállego, Castelmanco, Agüero y Murillo, más Hispaniés y Asín, avanzando hacia Ejea. Esta frontera meridional frenaba una eventual ampliación territorial aragonesa. Recordemos además que el condado de Aragón será anexionado por Pamplona al casar el heredero pamplonés García Sánchez I con la hija del conde aragonés Galindo II Aznárez.

Durante el siglo X la implantación del Califato en Córdoba supondría un freno al ánimo expansivo cristiano. La frontera en esta zona tuvo que ser muy inestable y buena parte de estos lugares cambiarían de mano dependiendo de la intervención militar de los musulmanes. Valgan como ejemplo las expediciones cordobesas contra Uncastillo, que resistió el ataque, pero a costa de la captura de rehenes que fueron ejecutados en 997. También Sos debió de mantenerse en manos cristianas, ya que en 975 era la sede del conde Ramiro Garcés.

Tras la marea destructiva de Almanzor y sus sucesores, emerge la figura clave de Sancho Garcés III, que restaurará o fortificará nuevamente las plazas anteriormente mencionadas. En este caso, la zona del Gállego quedó firmemente asegurada: en 1033 se levanta un monasterio en Santa Eulalia, y se construye una torre en Loarre.

A la muerte de Sancho III en 1035, su hijo Ramiro I pasa a ocuparse del gobierno del antiguo condado aragonés. Pero en la división hecha por su padre, se habían excluido de su lote las plazas fronterizas de Petilla, Ruesta y Loarre. Buena parte de su gestión será pues incorporarlas, lo que consigue ya para los años 1050-60, después de diversas vicisitudes y enfrentamientos con su hermano el pamplonés García Sánchez III.

Todas ellas constituirán (desde Sos, Navardún y Ruesta, hasta Biel) la frontera del reino aragonés frente a la taifa de *Saraqusta*. Es a partir de estas posiciones desde donde se planeará una estrategia de ampliación territorial orientada a la conquista de las ciudades de Huesca, Lérida y Zaragoza.

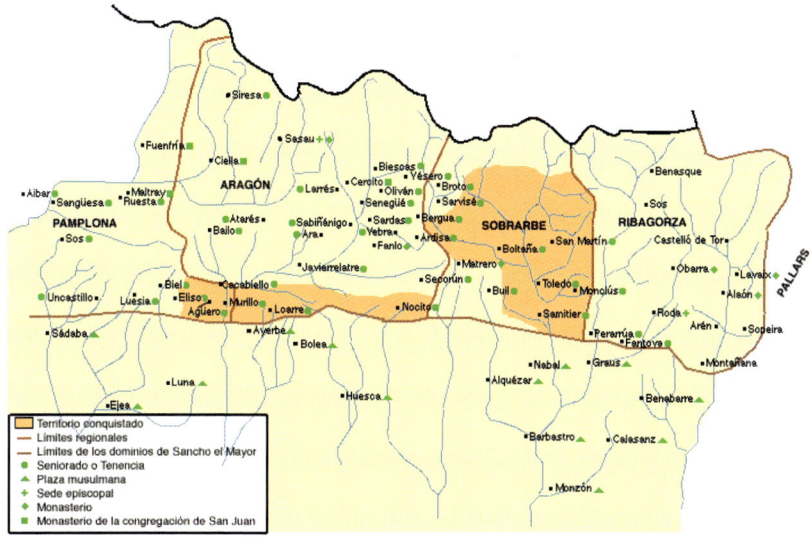

A. Durán Gudiol: «La frontera pirenaica y los dominios de Sancho el Mayor (1004-1035)». *Atlas de Historia de Aragón*, Institución Fernando el Católico.
https://ifc.dpz.es/webs/atlash/indice_epocas/medieval/40.htm

A. Durán Gudiol: «La formación del Reino de Aragón». *Atlas de Historia de Aragón*, Institución Fernando el Católico.
https://ifc.dpz.es/webs/atlash/indice_epocas/medieval/41.htm

Estrategias para el avance: Sancho Ramírez y Pedro I

En sus treinta años de reinado (1063-1094), Sancho Ramírez convirtió el joven y pequeño reino pirenaico en una potencia emergente, con un papel protagonista junto al resto de estados peninsulares. Desconocemos si el monarca tuvo en mente desde el comienzo las líneas políticas y estratégicas que después aplicó, y que iban a permitir a Aragón lanzarse a la conquista en las siguientes décadas. Estas incluirían el reforzamiento de su posición como monarca y el acopio de medios económicos y tropas con que realizar las operaciones militares.

Sancho Ramírez llega al trono en un momento bastante comprometido, tras la derrota y muerte de su padre en el intento de conquistar Graus. Quizás por ello, en 1068 decide peregrinar hasta Roma, ofreciendo su reino en vasallaje al papa Alejandro II junto con un tributo anual de 500 mancusos de oro y con la promesa de implantar en Aragón la Reforma Gregoriana.

En este mismo viaje, debió de fraguarse su matrimonio con Felicia de Roucy. Sancho ya estaba casado con Isabel de Urgel –con la que había tenido su hijo primogénito, Pedro– pero desapareció de su vida en circunstancias desconocidas. Sin duda, el nuevo enlace proporcionaba al reino aragonés unos lazos familiares de altos vuelos, pues Felicia procedía de un linaje muy distinguido, emparentada con la nobleza normanda y posicionada a favor de los aires reformadores y de cruzada religiosa que imperaban en Roma. Con esta reina en su seno, la corte aragonesa se posicionaba claramente a favor de la adhesión al Papado y sus nuevos planteamientos de reforma religiosa y justificación ideológica de la lucha contra los musulmanes. Igualmente, veremos que serán decisivas las conexiones políticas de la familia de la reina, entrando Aragón a relacionarse con los grandes actores de la Europa del momento. Estos contactos serán fundamentales en el momento en que se emprendan las operaciones bélicas de comienzos del siglo XII.

Los avances territoriales se producirán a partir de 1080, tras acometer una profunda reorganización interna (Reforma Gregoriana, establecimiento de una capital en Jaca), con recursos económicos (emisión de moneda, cobro de peajes) y militares (gracias al nombramiento de Sancho como rey de Pamplona a la muerte de Sancho IV el de Peñalén). Coincide además con el fallecimiento en 1082 del gran rey al-Muqtadir, que tan ferozmente había frenado los intentos de expansión aragonesa hasta entonces.

Si seguimos los avances militares en un mapa, se ve con claridad cuál es la estrategia de conquista. Obviamente la finalidad última era conseguir llegar al Valle del Ebro (Zaragoza, Tudela), pero para ello había que ocupar primero Huesca y todas las *madinas*, poblaciones o fortalezas que impedían el ataque de los aragoneses, controlando los caminos y pasos por donde podían llegar refuerzos de tropas islámicas.

Para ello era necesario reforzar los pasos naturales entre la Canal de Berdún y el Valle del Ebro. Desde ellos se podría, en un primer momento, hostigar, presionar, destruir cosechas e impedir de todas las maneras posibles la vida de las localidades de la taifa, con la ventaja de que para ello no era necesario un gran aporte de tropas. Se aplicó pues una táctica que combinaba el cobro de

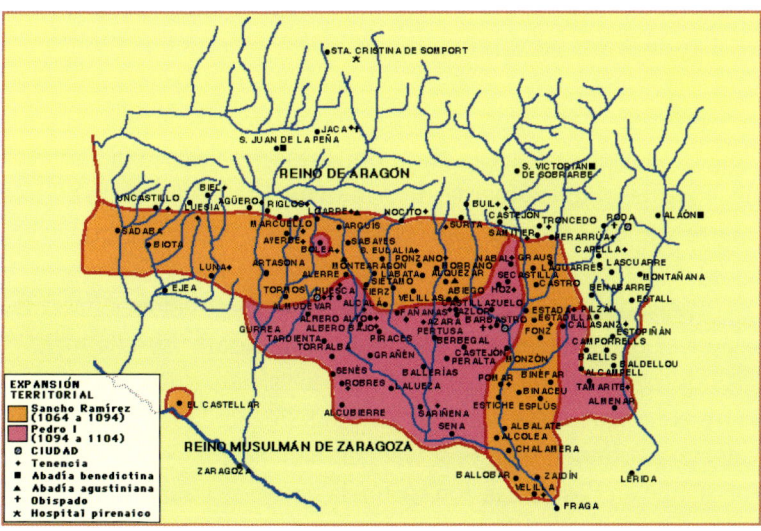

A. Durán Gudiol: «Expansión territorial del Reino». Atlas de Historia de Aragón, Institución Fernando el Católico, Diputación de Zaragoza.
https://ifc.dpz.es/webs/atlash/indice_epocas/medieval/42.htm

parias con la realización de razias destructivas que proporcionaban botín y permitían conocer los puntos más débiles del enemigo.

Las parias permitían a la taifa de *Saraqusta* posponer el enfrentamiento, pero a la postre incrementaban los recursos de los cristianos, les permitían edificar torres y defensas, pertrechar más adecuadamente sus mesnadas y favorecer a las instituciones eclesiásticas, que apoyaban fervientemente cada operación de conquista.

Como rey de Pamplona, su mayor interés era llegar a Tudela, y una de las primeras conquistas se dirigió a la cercana Arguedas (1084), distante tan solo 12 kilómetros. En la zona oriental, en las cuencas de los ríos Cinca, Ésera e Isábena, el rey contó con el apoyo de su propio hijo Pedro y de tropas de Urgel, navarras y las que llegaron con el conde Céntulo de Bearn y Bigorra. La ofensiva fue exitosa, y se conquistaron Graus (1083), Monzón (1089) y Almenar (1093). En este caso fueron determinantes los lazos familiares con los diversos estados limítrofes. Recordemos que Urgel colaboraba con Aragón ya desde el reinado de Ramiro I, pues sus hijos Sancho (Ramírez) y Sancha habían casado con Isabel de Urgel y con el padre de esta, Ermengol III. Las relaciones de Aragón con Bigorra venían de lejos, pues la madre de Sancho, Ermesenda, procedía de ahí.

En 1083 se conquista Ayerbe. El objetivo era avanzar sobre el Gállego (hacia Gurrea y la Hoya de Huesca) y llegar a la cabecera de los Arbas. Puntos fuertes de esta maniobra fueron el castillo de Loarre y el de Artasona, cuya construcción y acopio de tropas encargó en 1087 a Sancho y Pepino Aznárez.

Paralelamente, desde Sos se adelantaban posiciones hacia las islámicas Sádaba (con una importante fortaleza) y Ejea (la *medina* más destacada de la zona) mediante un sistema de colaboración entre el monarca y la nobleza que tendrá éxito. En 1088 el rey encargará a su tenente en Sos, Galindo Sánchez, la construcción de un castillo en Castiliscar, zona sobre la que ya se habían aventurado los hombres de Sos. Se trata de una fórmula de avance con la que se delega en manos de un noble la iniciativa militar, sea por razón de su cargo (en este caso) o sancionando la ocupación que este hubiera hecho con sus propios hombres. En tal caso el rey confirmaba la posesión al noble, repartiéndose los beneficios de las tierras y los pagos de futuros pobladores. El sistema permitía al monarca establecer una serie de plazas de avanzadilla con un mínimo coste, contando además con la implicación entusiasta de los nobles. Así sucederá con las torres de Garisa (1084), Obano, Biota y Tormos (1091). Gracias a todo ello sería posible la conquista de Luna (1091).

De igual manera quedaba involucrada la Iglesia aragonesa, pues obtendría nuevas rentas y propiedades a cambio de colaborar construyendo templos y financiando los proyectos de la monarquía. Así por ejemplo, el monasterio de San Juan de la Peña había recibido del obispo pamplonés los derechos de las futuras iglesias de Luna, y varias almunias de la zona. San Martín de Biel se verá beneficiada con el lugar de El Frago, en el camino hacia Luna. Se buscan también apoyos para una eventual operación sobre Ejea, y para ello se cede a la abadía francesa de La Selva Mayor el diezmo de las parias cobradas entre Ejea y Pradilla.

Es el momento de pensar en atacar Huesca y Zaragoza. En las inmediaciones de ambas ciudades se van a construir por iniciativa real dos fortalezas de gran envergadura: la primera, Montearagón (1086), frente a Huesca, y la segunda (1091) El Castellar, cerca de Zaragoza. El Castellar es un lugar al que se dota de una foralidad militar de gran interés, pues, dado que el castillo se sitúa en medio de territorio enemigo y con las tropas zaragozanas tan cercanas, la población que planea asentar goza de unas libertades absolutamente inusuales en la época, incluyendo la remisión de los posibles delitos cometidos. Esta posición, además, facilita las operaciones del monarca y sus nobles en el valle de los Arbas, que se verán sometidos a parias, como vimos.

La plaza de Huesca no caerá en manos aragonesas sino después de una fuerte presión; en un primer intento (1094) muere el rey Sancho, y será su hijo Pedro I el que conseguirá definitivamente la ciudad en la batalla de Alcoraz, en 1096. La derrota de la taifa zaragozana fue tan significativa que debió dejar muy disminuido su potencial bélico. Esto explicaría la facilidad con que actuaron los cristianos a partir de entonces y, en consecuencia, la mudanza de opinión de los habitantes de *Saraqusta* en favor de los almorávides, a los que se ve como salvadores tras sus victorias sobre los cristianos.

El impulso aragonés culminó pocos años después en la conquista de Barbastro (1101). El avance siguió las pautas aprendidas de su padre, ubicando en 1099 ante la ciudad el llamado Pueyo de Sancho, la fortaleza de Traba, y Castellar del Puente. Prudentes maniobras destinadas a impedir que Barbastro pudiera ser auxiliada, como había ocurrido tras la primera y efímera conquista de 1064 por tropas francesas, borgoñonas, urelesas y aragonesas, que respondieron al llamamiento del papa Alejandro II.

Pero también había de consolidar el dominio aragonés en los territorios teóricamente sojuzgados. La franja de tierras que había sido sometida a intensa devastación en fechas anteriores, podía volver con presteza a manos islámicas (en esta ocasión, almorávides). Pedro I actuó pues en las cercanías de Huesca, ocupando Bolea (1101) y Piracés (1103). Iniciando una ofensiva sobre el valle de Arán, morirá en 1104.

Un espíritu de cruzada

Ya vimos cómo en 1064, ya se había producido una ofensiva contra Barbastro con participación de tropas internacionales. Sin entrar a dilucidar si esta fue o no la primera cruzada de la cristiandad, sí que manifiesta cual era el ambiente en el que se empezaban a desarrollar las operaciones en Aragón.

Tanto Gregorio VII como Urbano II predicarán la lucha armada contra el Islam. La guerra se justifica y santifica: los soldados por la fe son *Milites Christi*. El enemigo a batir son los «sarracenos», tan presentes en Tierra Santa como en la península Ibérica. De ahí la equiparación entre la Cruzada de Oriente y la expansión territorial de los cristianos hispanos; en ambos casos los combatientes obtienen unas ventajas espirituales equiparables a las de los cruzados que acuden a liberar la Jerusalén terrestre: indulgencia plenaria y vida eterna junto a Dios a quienes murieran en combate. De igual modo, los papas encauzan el fervor guerrero de los reyes aragoneses prohibiéndoles acudir a las Cruzadas de Tierra Santa.

El vasallaje del reino será el escenario adecuado para la intervención papal, articulada a través de los legados pontificios (el abad Frotardo, Hugo Cándido) que trasmitirán los preceptos de la ideología de cruzada. No olvidemos que la conquista implicaba el incremento del poder eclesiástico, un esfuerzo al que se sumaron con entusiasmo los propios obispos del momento.

La Iglesia aragonesa se encargó de identificar a los turcos selyúcidas que dominaban Jerusalén con los andalusíes gobernantes en sus taifas, difundiendo entre sus fieles la idea de que los «ismaelitas» habían «expulsado a los cristianos de su patria». Con ello la guerra queda sacralizada, justificando la violencia y los beneficios obtenidos en su desarrollo: tierras, botín y cautivos, constituyendo un marco ideológico perfectamente adecuado a las pretensiones políticas de la monarquía aragonesa y de las élites nobiliarias empeñadas en tal avance.

Desde el lado musulmán también se iba consolidando la idea del *yihad* como un movimiento combativo de oposición frente a los infieles. De hecho, el rey de *Saraqusta*, al-Muqtadir, había llamado a la guerra santa para recuperar la plaza. La llegada de los rigoristas almorávides irá polarizando ambas posiciones ideológicas.

Al comienzo del reinado de Alfonso I las posiciones de unos y otros han quedado ya firmemente establecidas. La conquista de Jerusalén por los cruzados inflamó el espíritu guerrero de los nobles europeos, que se sumarán al proyecto militar. Algunos de sus participantes, como veremos, tenían una estrecha relación con el reino aragonés. Los propios monarcas serán un perfecto ejemplo de la asunción del programa ideológico de la Cruzada. Como ejemplo, el nombre elegido para denominar el campamento que estableció Pedro I en las inmediaciones de Zaragoza (*Deus lo volt*, Dios lo quiere), sobre la cual se hallaba ya preparando un eventual asedio.

Alfonso I y la ocupación del valle de Ebro

Si Sancho Ramírez había sido determinante en la configuración del reino aragonés, no menos importante fue la de su hijo Alfonso. No entraré a considerar aquí las consecuencias de su unión con la reina Urraca de Castilla pues no viene al caso. Nos interesa más valorar su actividad bélica, pues consiguió ampliar las fronteras del reino hasta las inmediaciones de Teruel, doblando su extensión. Esta extraordinaria hazaña culminó las actuaciones que antes veníamos enumerando, permitiendo la ocupación del territorio con garantías de éxito. A ello se suma el coraje personal y la eficacia del monarca como estratega, y su compromiso a ultranza con el ideal de Cruzada.

Conquistas de Alfonso I

Fruto de todo ello será, una vez consolidada la plaza de Huesca, el avance sobre Lérida y Zaragoza. Para lo cual, ya en el inicio de su reinado (1104), lanza una campaña en la Ribagorza (conquista Tamarite y San Esteban de Litera), afianzando las plazas que había obtenido su hermanastro Pedro I.

Respecto al Valle del Ebro, era imprescindible aislar Zaragoza, conquistando en primer lugar el valle de los Arbas. No tenemos datos concretos, pero en 1105 se rendiría Ejea (*Siya*), tras un esfuerzo considerable: un documento posterior nos explica cómo el monarca salvó la vida por la valiente

Alfonso el Batallador, por Francisco de Pradilla (1879). Ayuntamiento de Zaragoza

actuación de un caballero, Cic de Flandes, que murió defendiendo a Alfonso con cinco de sus hijos. En cuanto a Tauste, se discute si caería en el mismo momento que Ejea, o si pudo ser reconquistada por los almorávides en fecha indeterminada, por lo que la posesión definitiva de Tauste se pospondría hasta fechas posteriores.

Comentaré aquí la posible permanencia en la comarca de población musulmana sometida (mudéjares). Las noticias sobre estos pobladores son escasísimas, y no tenemos constancia de que pervivieran en estas villas aljamas de moros. La sensación general es la de que la población islámica habría abandonado la zona previamente a la conquista. En el caso de Tauste, no obstante, se especula con la posibilidad de una mayor resistencia de la población autóctona, pero esto habría supuesto su sometimiento por la fuerza, aunque no tenemos más noticias de su suerte.

Sabemos, por otras actuaciones, que los monarcas cristianos aplicaban diferente trato dependiendo de las circunstancias bélicas: si la conquista se preveía costosa (en recursos y soldados) se podía llegar a un acuerdo (capitulación) que incluyera condiciones ventajosas y respeto a las personas y sus propiedades; si había una oposición frontal y se podía dar un escarmiento que sirviese de advertencia a otros posibles adversarios, no había piedad (caso de Almudévar).

Tras el paréntesis castellano, Alfonso I retoma la actividad frente a una *Saraqusta* ya en manos almorávides (desde 1110, en que los vecinos de esta ciudad abrieran la puerta a los magrebíes, considerando que solo ellos podrían salvarles de los cristianos). En 1118, y tras una intensa campaña de propaganda destinada a allegar tropas suficientes, se pone en asedio la ciudad.

La conquista de Zaragoza tuvo una importancia determinante, pues era claramente la ciudad destinada a ejercer la capitalidad del reino. Era una ciudad rica (industria sedera, curtidos, metalurgia y alfarería) y muy poblada (se calcula que podría tener más de 25.000 habitantes). Sin olvidar, por supuesto, que junto con la ciudad los aragoneses obtuvieron una inmensa cantidad de tierras de regadío, además del control sobre las comunicaciones del resto del valle del Ebro y el enlace del Jalón-Jiloca hacia Castilla.

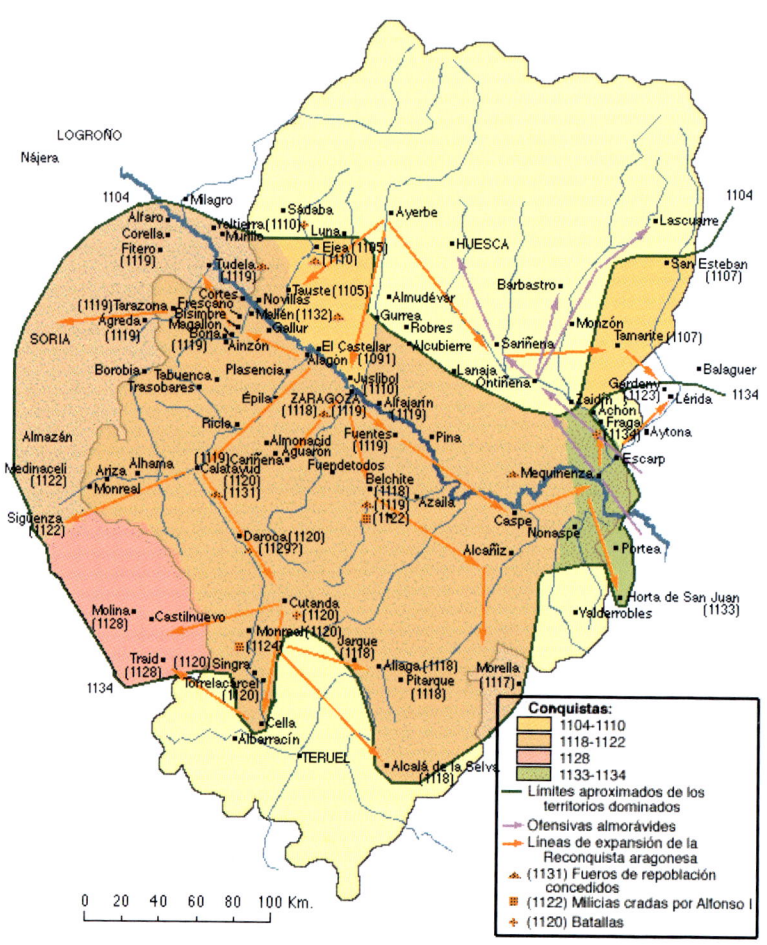

M. L. Rodrigo Estevan: «La reconquista aragonesa y navarra con Alfonso el Batallador».
Atlas de Historia de Aragón, Institución Fernando el Católico.
https://ifc.dpz.es/webs/atlash/indice_epocas/medieval/44.htm

Gracias a ello, y de manera inmediata, cayeron en manos aragonesas Tudela, Borja, Tarazona y Daroca. Este extraordinario avance
intentó ser frenado por los almorávides, que reunieron un ejército
de considerables dimensiones, que se batió con el de Alfonso I en
Cutanda, sin conseguir sus objetivos (1120). Recordemos además su
expedición por tierras valencianas y andaluzas (1125). El intento de
conquistar Fraga, paso previo al dominio de Lérida, se saldará con

una terrible derrota y con la muerte del rey y de buena parte de los nobles y mesnadas que participaron en la batalla (1134).

Tras el afianzamiento de las tierras y ciudades del Valle del Ebro, el valle de los Arbas quedó a retaguardia del Islam. Su carácter fronterizo resurgirá en futuros enfrentamientos con el reino de Navarra, tras la muerte de Alfonso I y la separación de ambos reinos.

La participación de tropas procedentes del norte de los Pirineos

Son muy numerosos los nombres de franceses que participaron en las acciones bélicas del reino aragonés en esta época. Dejando aparte el episodio de la toma de Barbastro en 1064, la mayoría llegaron a Aragón a partir de la década de los años 90 del siglo XI.

Las razones de su presencia son muy variadas, aunque predominan las ideológicas (lucha contra los enemigos de la cristiandad), interés económico y el deseo de adquirir fama y renombre.

Las relaciones familiares de los monarcas aragoneses habían establecido fuertes lazos con los territorios del Midi. Ramiro I se había casado con Ermesenda de Bigorra, hija del conde de Foix. En cuanto a Bearn, Sancho Ramírez recibió a su vizconde Céntulo V como vasallo, casando su hijo Gastón con Talesa, hija del hermanastro ilegítimo del monarca del mismo nombre. Su primogénito Pedro I enlazará con una hija del conde Guillermo de Aquitania.

Mayor proyección internacional proporcionó el matrimonio de Sancho Ramírez con Felicia de Roucy, hija de Hilduino de Ramerupt, vinculada con personajes muy influyentes: sus hermanos Eblo II y Beatriz de Routrou (madre de Rotrou de Perche), o el yerno de Eblo, Roberto Guiscardo; todos ellos muy bien relacionados con ilustres linajes de Normandía, Champaña y Borgoña.

Estos lazos dinásticos favorecerán la llegada de grupos de guerreros de diversa procedencia, aglutinados en torno a una serie de condes y señores. Un grupo de expedicionarios de procedencia anglonormanda se articula en torno a Rotrou de Perche, un caballero que participó en la primera cruzada. Aunque al parecer no colaboró en la conquista del Valle del Ebro, recibió el señorío de la ciudad de Tudela, y otros importantes bienes.

Los eclesiásticos también contribuyeron a afianzar las relaciones de la corona: muchos clérigos franceses y legados papales llegaron a Aragón para implantar la reforma gregoriana, y obispos como Esteban o Pedro Librana eran de ese origen. Tuvieron una participación muy activa en labores de gobierno e incluso algunos como guerreros.

La mayoría de los combatientes acudieron desde las tierras pirenaicas. La lista de tenentes de procedencia francesa en las plazas recientemente conquistadas demostraría su activa participación en las operaciones bélicas: destacan Castán, Per Petit, Gaizco, Hugo de Chalons o Bertrán de Laón. Pero sin duda los grandes protagonistas del momento fueron Gastón de Bearn y su hermano Céntulo de Bigorra.

Ya vimos sus relaciones familiares con la casa aragonesa. Gastón participó muy activamente en la Primera Cruzada, en las batallas de de Antioquía, Ascalón y Jerusalén (1096 y 1099), donde habría conocido de primera mano las técnicas bizantinas de construcción de torres de asalto.

Llegó a Aragón para implicarse en la lucha que lideraba su primo Alfonso I, probablemente acompañado por otros caballeros venidos a tierras aragonesas en las mismas circunstancias. Su participación en las campañas de 1104-1110 –que llevarán a la conquista de Ejea y Tauste– no está atestiguada por la documentación del momento, aunque se sabe de la presencia de extranjeros como el ya citado Cic de Flandes. Precisamente, la narración «Relatión du Siège de la Ville d'Exeja en Aragón», tiene gran valor por situar al personaje como uno de los protagonistas de la toma de Ejea.

Como familiar del rey y guerrero que compartía los ideales de Cruzada, se le supone implicado en la preparación del sitio de Zaragoza, divulgando el proyecto en sus dominios y atrayendo a tropas francesas. Noticias más o menos legendarias lo sitúan organizando el asedio y comandando las tropas: una narración presenta a Lope

Garcés Peregrino, a Gastón y a su hermano Céntulo en la huerta de Santa Engracia, valorando las defensas de la madina islámica y planeando el ataque. Sean o no ciertas, Gastón de Bearn era un jefe experimentado, fogueado en batallas y con una gran experiencia en asedios.

Tras la capitulación de Zaragoza, el rey le otorgó el título de señor de la ciudad y le encargó el reparto de las casas y tierras entre los vencedores (siendo los bearneses de los más beneficiados, como podría esperarse). También aparece como tenente en Barbastro (1113), Huesca (1123) y Uncastillo. Todas estas prebendas y su cercanía al rey le convirtieron en el noble más poderoso del momento.

Su colaboración con el rey continuó con la expedición de 1125. Encargado de la vigilancia del frente levantino, organizó un ataque por la zona junto con el obispo Esteban, de resultas del cual murieron ambos en 1130.

Su hijo Céntulo V continuó participando en las operaciones militares aragonesas, muriendo en la batalla de Fraga (1134), junto con muchos de los franceses de la hueste real. Su esposa Talesa heredó las posesiones de su marido, aunque al parecer no fue tan fiel al nuevo monarca Ramiro II, pues se sabe que Arnaldo de Lascún, alcaide en su tenencia de Uncastillo, se rebeló en 1136.

Junto a Gastón encontraremos de manera recurrente a su hermanastro Céntulo II de Bigorra. Entró en vasallaje de Alfonso I, recibiendo una cuantiosa dote que incluía Rueda de Jalón, la mitad de las honores de Tarazona y Albarracín (aún sin conquistar) y pingües beneficios que le convertían en un potentado señor feudal

Gastón de Bearn y Céntulo de Bigorra sufragaron además la creación de dos Órdenes Militares aragonesas de Belchite y Monreal: un empeño muy personal del monarca, que siempre se vio a sí mismo como un auténtico cruzado.

La ocupación del territorio cincovillés: el ejemplo de Ejea

La islámica *Siya* era una *madina* fortificada, Su importancia en la estructura militar de la Marca Superior de Al-Andalus era considerable. Su ubicación intermedia entre Tudela, Zaragoza y Huesca la convertía en un molesto bastión para la estrategia de ataque de los cristianos.

Como ya vimos, las conquistas se planeaban con años de antelación. En este caso la plaza de Biel, residencia real en manos de Alfonso I en esos años, tendrá un papel protagónico. Tras situar como avance la Torre de Obano, en 1092 se conquista

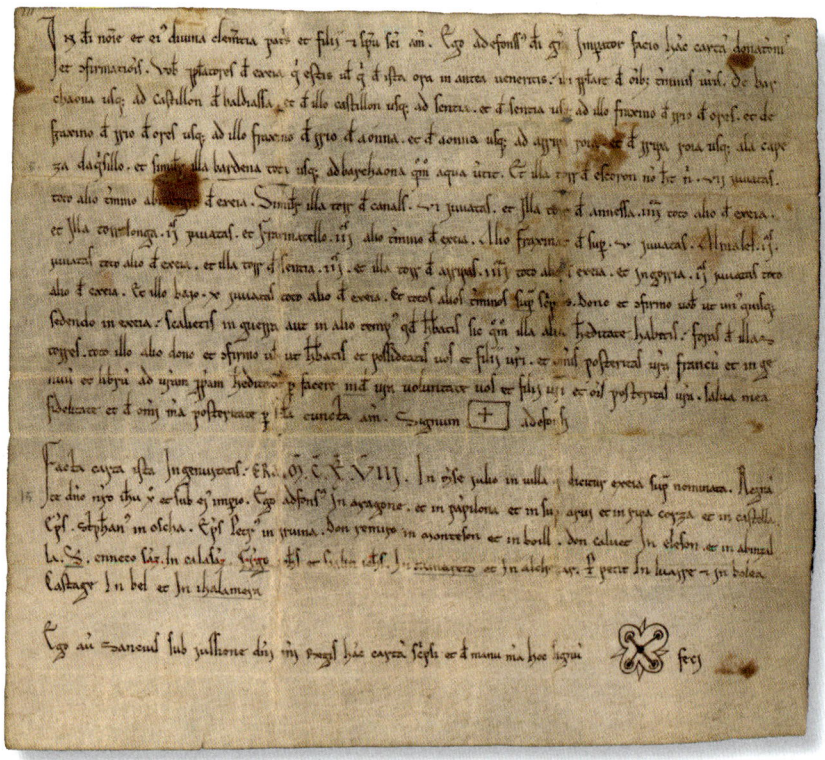

Carta de Población de Ejea, 1110. Ayuntamiento de Ejea de los Caballeros

Luna, y contando con las de Castiliscar y Biota, caería también Sádaba.

La conquista de Huesca en 1096 dejaría aún más aisladas a Ejea y Tauste, intensamente devastadas antes del ataque final de 1105. Aun con todo, la conquista fue ardua, contando con tropas navarroaragonesas y ultrapirenaicas, como ya vimos con el episodio de don Cic de Flandes.

Tras la captura de la *madina*, era urgente mantener la posición, por lo que solo un año después ya está en manos de Lope López, su primer tenente. La Carta de Población sin embargo se retrasa hasta 1110, quizás por la situación de tensión extrema que se viviría en la zona, debido al establecimiento de los almorávides en *Saraqusta*. Será pues entonces cuando se redacte el documento, ante la urgente necesidad de afianzar la zona atrayendo guerreros a la localidad.

Son bien conocidas sus disposiciones. Tras fijar los límites del término, se concede ingenuidad y franqueza (libertad) para los habitantes, casas y heredades, con el objetivo de atraer a gentes que pudieran encargarse por sí mismos de una eventual defensa de la plaza. Se establecen dos categorías de pobladores: los caballeros (luchan a caballo, con todos los pertrechos necesarios) y los peones que lo hacen a pie, con un equipamiento básico: garrotes, cuchillos, arcos y flechas y escudo. Todos reciben lotes de tierras, los primeros dos yugadas[12] en zona de regadío (unas 5 hectáreas), los segundos, una yugada. Además, todos podrán roturar nuevas tierras (permiso de escalio) en su término; pasados un año y un día tierras y casas quedarán en propiedad del ocupante.

Los repobladores obtienen también ventajas judiciales, las mismas que tienen los nobles: no ser embargados mientras esperan juicio, quedando las penas impuestas en manos de los ejeanos y no de los oficiales reales.

A estas disposiciones se sumaron otras en los años siguientes: en 1124 se reconoce su derecho a usar libremente las aguas de su

---

12 Yugada es el terreno que puede labrar una yunta o yugo de animales en un día.

término, asunto que dará lugar a múltiples conflictos con las poblaciones del entorno.

La Carta de Población de Ejea fue un ejemplo de foralidad militar, aplicada posteriormente a muchas otras localidades, con intención de mantener una fuerza armada de zona fronteriza, o para atraer gente a lugares de difícil repoblación mediante la concesión de amplias cotas de libertad personal. El Fuero de Ejea se concedió a Tormos, Barbués, Tiermas (1201), Salvatierra de Escá (1208) y Castiliscar (1224). Con mayores y mejores heredades, el modelo de repoblación favoreció a los caballeros, que obtendrán una destacada posición social, equiparándose a los infanzones (nobles).

Para gestionar y hacer cumplir estas disposiciones legales, el rey encargará a determinados nobles (tenentes) o a oficiales reales (merinos), el reparto de tierras y casas. En Ejea conocemos el caso de Banzo Azones, un personaje muy destacado en el servicio a la monarquía. Ya en 1093 era tenente en Biel, por lo que recibió el encargo de poblar la recién conquistada Luna. De igual manera actuará en Ejea en 1114.

Ya se mencionó que apenas hay noticias sobre la permanencia de población mudéjar en las Cinco Villas, Sí que hay constancia, en cambio, de numerosas «almunias» o propiedades rurales que pasaron a manos de los cristianos.

En un primer momento, la llegada de nuevos pobladores debió de ser complicada, en buena medida por la presencia de los almorávides en Zaragoza. Incluso la cercana localidad de Tauste pudo ser reconquistada por los islámicos, quedando la zona desierta hasta la conquista de Zaragoza por Alfonso I. A la muerte del Batallador, la contraofensiva islámica recuperó gran parte de las tierras recientemente ocupadas. Todo ello explicaría la tardía fecha de redacción de su carta de población (1138). Un año antes Ramiro II se veía en la necesidad de impulsar la población de la Corona de Ejea. La ofensiva castellana contra Zaragoza (1135) y las ambiciones territoriales de la vecina Navarra, separada ya de Aragón, retrasarían la estabilización de la zona.

A fines del siglo XII se ha completado ya el reparto de tierras y poder en las Cinco Villas. Veremos que, en las localidades más importantes, se están configurando concejos de realengo con vecinos libres de toda sujeción señorial. Más adelante, los principales propietarios terminarán por ocupar los puestos edilicios más destacados, de los que quedarán apartados el resto de habitantes.

Las principales entidades eclesiásticas del reino recibieron iglesias y rentas en la zona, gracias a la generosidad de la monarquía. Las mezquitas se convirtieron en iglesias; la de Santa María fue consagrada en 1174, y la del Salvador ya en 1222. El monasterio francés de La Selva Mayor fundó allí una abadía.

De igual manera, las órdenes del Temple y el Hospital recibieron cuantiosas donaciones, en compensación por el incumplimiento del testamento del Batallador, pero también por el interés de los monarcas en conseguir apoyo militar en las empresas de conquista. Aldeas cercanas a Ejea como Pilluel, Padules (Paúles), Añesa y Castiliscar pasaron a manos de estos monjes. Las encomiendas que se establecieron se vieron limitadas sin embargo por la condición de realengo de las villas.

Nobles que recibieron almunias o propiedades concretas en la comarca ejercerán su señorío en ellas. Con todo ello se configura un territorio donde predomina el realengo, con presencia feudal en localidades menores y de alguna manera, periféricas. La importancia y protagonismo de estas villas a lo largo de la Edad Media será extraordinaria, derivada de su situación fronteriza con Navarra, Castilla o Francia. Por su condición privilegiada participarán activamente en el devenir político y social de la Corona aragonesa, cuestiones que merecen un desarrollo que rebasa el objetivo de estas líneas.

La abadía de La Sauve-Majeure desde la iglesia parroquial de San Pedro de La Sauve.
Foto: Roberto Viruete

Vista interior del ábside de la iglesia del monasterio de La Sauve-Majeure desde el
crucero. Foto: Roberto Viruete

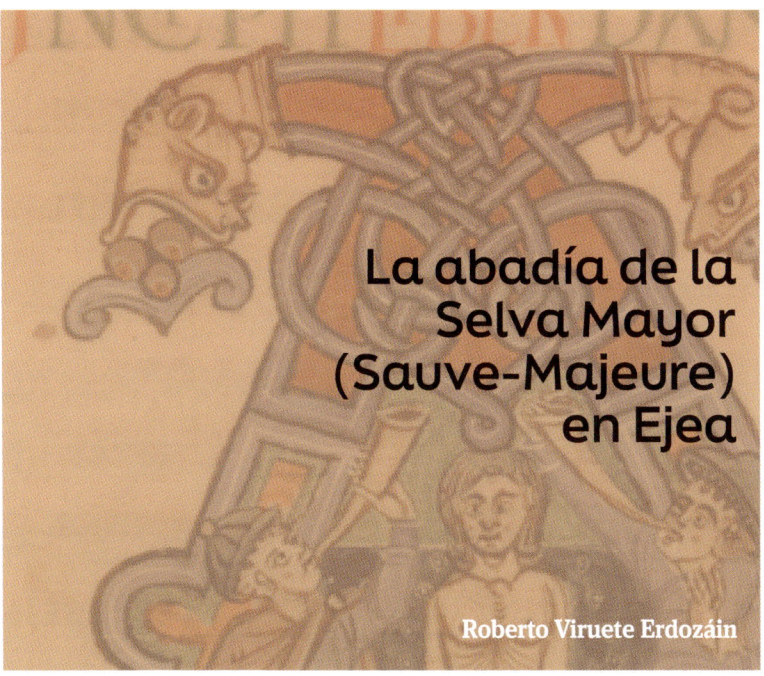

La abadía de la Selva Mayor (Sauve-Majeure) en Ejea

Roberto Viruete Erdozáin

Introducción

Conocer con precisión la historia del priorato de San Salvador de Ejea de los Caballeros no resulta una tarea fácil. Una parte importante de su documentación, especialmente la que se encuentra en Burdeos, no está en muy buen estado de conservación. Por lo tanto, la principal fuente de información son los documentos del Colegio de Racioneros, que se conservan en el Archivo Parroquial de Ejea de los Caballeros. Estos documentos fueron objeto de una transcripción, edición y estudio hace cuarenta y tres años, en 1982. José Ramón Auría Labayen, hoy presidente de Fundación CAI, los trabajó y analizó con motivo de la realización de su tesis de licenciatura. Su obra permanece todavía inédita. No obstante, se puede consultar en la Biblioteca de la Facultad de Filosofía y Letras de la Universidad de Zaragoza cumpliendo los requisitos que marca la normativa. Los hechos que se explican a continuación se basan principalmente en estos dos grupos documentales: el perteneciente al priorato, conservado en los Archivos Departamentales de la Gironda en Burdeos y el de los racioneros del priorato de San Salvador de Ejea, que se guarda en el Archivo Parroquial de dicha localidad, como ya se ha dicho. A partir de aquí, en otros archivos se pueden encontrar documentos complementarios: Archivo Diocesano de Zaragoza, Archivo Municipal de Ejea de los Caballeros o Archivo Histórico Nacional. En suma, conviene precisar del mismo modo que lo escrito en adelante constituye una mera aproximación a la historia del priorato de San Salvador de Ejea, la cual debe ser modificada, ampliada y precisada en estudios posteriores. Este capítulo es un punto de partida en el conocimiento de la citada institución.

Archivo de La Gironde

El origen de la presencia del monasterio de la Selva Mayor en Ejea de los Caballeros y la creación del priorato de San Salvador de Ejea

El Monasterio de La Selva Mayor en Ejea de los Caballeros

El monasterio benedictino francés de La Selva Mayor tuvo una presencia de cuatro siglos en Ejea de los Caballeros. Todas las iglesias dependían de él. Y aquí estableció esta abadía la principal sede de todos los prioratos y otras entidades bajo su control en el reino de Aragón desde mediados del siglo XII. No obstante, antes de la fundación del priorato de San Salvador de Ejea, los benedictinos franceses crearon su primera sede en Santiago de Ruesta a finales del siglo XI, entre 1087 y 1093.

¿Cuándo comienza la relación entre la abadía bordelesa de La Selva Mayor (Sauve-Majeure) y Ejea de los Caballeros? Se suele escribir comúnmente que Sancho Ramírez donó el diezmo de las parias obtenidas de los musulmanes de Ejea a La Selva Mayor entre los años 1082 y 1084. El documento de esa fecha únicamente nombra la décima parte de lo percibido en territorio musulmán. Hay que esperar un poco más. El obispo Pedro de Pamplona sí efectuó en el año 1087 esa concesión a La Selva Mayor del diez por ciento de las ganancias extraídas por el rey en Pradilla de Ebro y Ejea de los Caballeros. Sancho Ramírez, rey de Aragón, no solo confirma esto cuatro años más tarde, sino que además da también al monasterio benedictino las mezquitas ejeanas para que sean convertidas en iglesias, una vez se conquisten. Además, el mencionado obispo realiza la donación del diezmo y las rentas episcopales, salvo el tributo de la cuarta parte a favor del obispo, a La Selva Mayor en 1103. Todos estos hechos ponen de manifiesto que los reyes de Aragón presionan militarmente a los ejeanos andalusíes para debilitarlos económicamente a finales del siglo XI e inicios del XII. Al mismo tiempo se enriquecen ellos y el monasterio aquitano de La Selva Mayor. Pero también ponen las bases para la organización de la Ejea cristiana, manteniendo los lazos con dicha abadía, en plena expansión aragonesa por el territorio andalusí.

Conquistada Ejea por las tropas del rey Alfonso I de Aragón y Pamplona al poco de subir al trono, este confirma y ejecuta las decisiones de su padre y de su hermano. Así, los templos religiosos quedan bajo la jurisdicción del abad de La Selva Mayor, que los pone dentro del patrimonio que administra el priorato de Santiago de Ruesta.

¿Dónde se celebraban los oficios religiosos de Ejea de los Caballeros en sus primeros cincuenta años de pertenencia al reino aragonés? Los documentos que han llegado a nuestros días no ofrecen muchas pistas. Joseph Ferrer y Racaj, que hizo una historia de Ejea en el siglo XVIII, opinaba que el culto religioso se efectuaba en la capilla real de San Juan. La idea no me parece desacertada casi tres siglos después. Es la única que aparece nombrada.

La situación en Ejea era difícil. La población mudéjar que se quedó muestra rebeldía para aceptar la degradación de su situación social. Pasan de tener libertad a ser vasallos de señores cristianos en la zona rural y a sufrir una mayor carga fiscal. Ellos deciden no pagar el diezmo por el trabajo de las tierras. El rey tiene que actuar para que cumplan con sus obligaciones. Si no dan el diezmo, los ingresos de La Selva Mayor disminuyen. Al margen de la crisis que crea la muerte de Alfonso I en el reino de Aragón, las dificultades en la llegada de población a Ejea continúan. Ramiro II da privilegios para poblar el barrio de La Corona. Quizás sea este el momento para que los mudéjares abandonen Ejea y vengan más pobladores de religión judía, pues en esta zona se desarrolló la judería de Ejea. Aún existe otro problema más: las disputas territoriales entre los obispados de Pamplona y Zaragoza. Cuando esta finaliza en 1155, el sur de las Cinco Villas con Sádaba, Ejea y Tauste queda integrado en la diócesis de Zaragoza.

La creación del Priorato de San Salvador de Ejea de los Caballeros

El monasterio de La Selva Mayor procedió a reordenar sus territorios en el reino de Aragón después de esta última fecha. Así, esta abadía instituyó el priorato de Ejea. Este incluía las iglesias de Ejea y Pradilla, con las rentas que generaban y la celebración de los oficios religiosos, y las propiedades de La Selva Mayor en la diócesis de Zaragoza, en las que destacamos Biota. ¿Cuándo se creó el priorato de Ejea? Dedicado a San Salvador, no sabemos la fecha exacta. A lo más que podemos aspirar es a señalar un periodo de tiempo en el que se produjera su nacimiento; quizás entre 1156 y 1173. La sede del priorato de San Salvador de Ejea se estableció en la capilla real de San Juan, junto al castillo o Torre de la Reina (los únicos restos que quedan). Tradicionalmente este lugar se ha conocido como *Casa de la Abadía*.

El primer prior del que tenemos noticia es Ramón de Thouars, monje de procedencia francesa, como Guillermo de Laubesc, que ocupa el cargo a inicios del siglo XIII. El abad del monasterio de La Selva Mayor mandaba un clérigo francés. Los priores tenían a su cargo la recaudación del diezmo de los beneficios, principalmente agrarios, que debían pagar los habitantes de Ejea, Biota y Pradilla de

Antigua muralla de Ejea, Torre de la Reina.
Foto: Eduardo Argote

Ebro, la gestión del servicio religioso de los tres lugares, la conversión de las iglesias en mezquitas y la asistencia a las reuniones capitulares del monasterio de La Selva Mayor el día de San Simón y San Judas. Allí se establecían los acuerdos de gobierno del monasterio y todas sus dependencias.

1174 fue un año importante para el priorato de San Salvador de Ejea y La Selva Mayor; también para Ejea. Alfonso II, primer rey de la Corona de Aragón, donó al prior de San Salvador de Ejea en febrero el castillo de Alcalá (Alcalá de La Selva, Teruel) con todo su distrito en época musulmana. Límites que asumió y respetó el monarca al conquistarlo. Más adelante, allí se fundó una orden militar con el fin de contribuir a la consolidación y expansión del reino aragonés. Esta orden se acabó desgajando pronto del priorato

Iglesia de Santa María, Ejea de los Caballeros. Foto. Ferran Mallol

de Ejea, pasando a depender directamente del abad de La Selva Mayor. Y en la parte final del año, noviembre, tuvo lugar la consagración de la iglesia parroquial de Santa María, la más cercana a la sede del priorato. Los historiadores del arte datan la forma actual

Iglesia de San Salvador, Ejea de los Caballeros. Foto. Ferran Mallol

del edificio entre finales del siglo XII y los inicios del siglo XIII. Esto quiere decir que la mayor parte de la construcción, si no toda, de la iglesia de Santa María se hizo con posterioridad a su consagración.

La otra gran parroquia de Ejea es la de San Salvador, ubicada en la parte baja de Ejea cerca de la muralla. Esta iglesia coincide con la de Santa María en la época de construcción. Nuevamente, los historiadores del arte opinan que se construyó, como Santa María, desde finales del siglo XII hasta principios del siglo XIII. Al estar en un punto más accesible, su tipología es la de iglesia-fortaleza. También fue la sede de las reuniones del concejo de Ejea, que se celebraban en el pórtico del lado del Evangelio, por donde actualmente entramos.

Ambas son las dos parroquias estables pertenecientes al priorato de San Salvador de Ejea de los Caballeros. A finales del primer tercio del siglo XIII, la documentación nos da a conocer otras dos parroquias más. Sin embargo, no formarán parte del patrimonio del priorato durante todo el tiempo en el que este depende de La Selva Mayor. En efecto, estas últimas parroquias serán traspasadas, sin que se sepa ni la razón ni la fecha, a otras instituciones religiosas presentes en Ejea de los Caballeros.

El dominio patrimonial del Priorato de San Salvador de Ejea de los Caballeros

De acuerdo con lo que señala José Ramón Auría Labayen, editor de la documentación medieval del Archivo Parroquial de Ejea de los Caballeros, y también con lo que la documentación refleja en el caso de otros monasterios principales y prioratos dependientes, el patrimonio de San Salvador de Ejea de los Caballeros se formó por tres vías: la compra, la donación de bienes y la permuta o intercambio de propiedades. Entre las donaciones destacan las reales, algunas de las cuales ya se han nombrado en las líneas previas. En el caso del priorato de San Salvador, el patrimonio procedente de permutas es casi mínimo, ya que tan solo se documenta en una ocasión.

A la hora de explotar económicamente el dominio, ninguno de los clérigos racioneros se ocuparía de trabajarlas, ya que a ellos, como estamento privilegiado, no les correspondía el trabajo manual. Esas propiedades eran explotadas por terceros, personas que pertenecían al estamento no privilegiado. Esto no excluye que el priorato y/o el capítulo de clérigos racioneros cedieran propiedades a uno de ellos, que a su vez las arrendaban a los citados terceros. Es más, en el reparto de raciones que se comentará más abajo, se indica claramente que los terceros que acaben trabajando los bienes deberán cumplir las condiciones estipuladas en la explotación económica de las mismas.

El capítulo de clérigos racioneros arrendaba sus bienes inmuebles a cambio de un tributo anual perpetuo, llamado treudo en la casi totalidad de los casos, que se pagaba en dinero. No tenemos noticias del arrendamiento de propiedades del priorato de San Salvador de Ejea del siglo XII. Pero por ejemplo, en las del primer priorato de La Selva Mayor en Aragón, el de Santiago de Ruesta, sí se concedieron en explotación bienes inmuebles con el pago de un tributo en especie. La cuantía dineraria de los tributos varía. Así hay propiedades por las que se reciben dos o tres sueldos anuales y otras que superan los veinticinco sueldos anuales. Los tributos se pagaban siempre en una fiesta religiosa. En la documentación relacionada con el capítulo de clérigos racioneros de Ejea de los Caballeros se registran varias festividades, pero la de Todos los Santos es la más mayoritaria. Aunque también hubo pagos en la Virgen de agosto, en San Miguel (29 de septiembre), o incluso en Navidad.

En la evolución del patrimonio global del priorato, cabe destacar que en un momento dado del siglo XIII o de la primera mitad del XIV, la iglesia de San Andrés fue transferida a la orden de los franciscanos establecida en Ejea de los Caballeros. A finales del siglo XV, más concretamente 1498, el patrimonio inmueble del capítulo de clérigos racioneros de Ejea de los Caballeros está formado por propiedades urbanas (casas), y propiedades rústicas: tierras dedicadas a cereal y viñas. A continuación, adjunto una tabla con las propiedades del capítulo de clérigos racioneros realizada con los datos de la obra de José Ramón Auría Labayen (pp. 18-20).

Propiedades a finales del siglo XV

Término municipal	Bien	N.º	N.º DOC
Camarales	Campo	1	3
	Viña	3	4, 16, 116
Facemont	Campo	2	56, 116
Vidiella	Campo	1	62
Trillar	Campo	2	62, 142
	Huerto	1	123
Luchán	Campo	1	62
Carrera de Rivas	Campo	2	68, 69
Arenales	Campo	1	72
	Viña	1	75
Regor	Campo	1	73
	Viña	1	73
	Huerto	1	73
Colar	Campo	1	77
Areños	Campo	1	101
Río Molinos	Campo	1	138
Puyatiello	Campo	1	142
Camerales-Bayar	Viña	1	62
Camerales-Paul	Viña	1	21
Esparteta	Viña	1	62
Cal	Viña	2	62, 107
Bañera	Viña	1	139
San Salvador	Casa	3	15, 19, 51
Media Villa	Casa	1	40
Santa María	Casa	1	57
Huesca	Casa	2	61, 130
Puerta Mediana	Casa	1	78
Las Tiendas	Casa	1	109

Conflictos y pleitos judiciales relacionados con el priorato de San Salvador de Ejea de los Caballeros

Al margen de lo ya tratado, de los diferentes asuntos sobre los que la documentación proporciona información, en este capítulo destacaremos tres: los racioneros y los pleitos que se generan con el prior de San Salvador de Ejea y La Selva Mayor (Sauve-Majeure) en torno al servicio religioso en las parroquias ejeanas, los conflictos entre el priorato de San Salvador de Ejea y la casa madre, la abadía de La Selva Mayor (Sauve-Mejure), y los problemas entre los propios racioneros y sacerdotes de Ejea de los Caballeros.

El servicio religioso en Ejea de los Caballeros: los racioneros y los pleitos con el Priorato de San Salvador de Ejea y el Monasterio de La Selva

La abadía de La Selva Mayor reguló la manera en la que realizar los oficios religiosos de Ejea en una fecha indeterminada, pero ubicada entre los años 1217 y 1230. Con la aprobación del obispo de Zaragoza, Sancho, se establecen 16 clérigos para la atención del servicio religioso. Estos deben residir en la iglesia de San Salvador y reciben una *porción* o *ración* (sueldo) por ello, de ahí que se les denomine *racioneros* o *porcioneros*. Eran ocho presbíteros, cuatro diáconos y cuatro subdiáconos. El abad Grimaldo argumenta su decisión por dos razones: que los hombres honrados de Ejea ni el resto de parroquianos tengan la ocasión de retener los diezmos y otros derechos eclesiásticos con el perjuicio que supondría para sus almas y que los oficios divinos sean administrados al pueblo ejeano con mayor solemnidad, devoción y pureza. El abad Grimaldo también establece un rígido régimen de disciplina a los dieciséis racioneros. Ellos deben servir donde el abad, o el prior de Ejea, determinen, obedecer sus órdenes, abandonar a su concubina tras ser amonestados, si la tienen, y dejar los bienes que adquieran al priorato después de ser nombrados racioneros. ¿Cuál es su beneficio, o dicho de otra manera, «cuál es su paga por ser racioneros»?

Ellos perciben en especie y de manera muy precisa:

- Trigo: una arroba de trigo del 15 de agosto al 24 de diciembre.
- Vino:
    - Un cuarto de arroba de vino cada dos clérigos de la Asunción al 24 de diciembre.
    - Un cuarto de arroba de vino cada tres clérigos de Navidad al 14 de agosto.
- Carnero: un cuarto cada ocho clérigos los martes, jueves y domingos.
- Cordero y cerdo: de Pascua a San Juan Bautista un cuarto cada tres clérigos.
- Lunes, miércoles y sábado un férculo con queso y el viernes un férculo con aceite.
- En cuaresma y adviento dos férculos con aceite.
- Domingo de Ramos, Jueves Santo y Pascual, pescado.
- Doble ración de carne en las festividades de Navidad, Epifanía, Purificación, Encarnación, Pascua, Ascensión, Pentecostés, Asunción, Nacimiento de la Virgen, Todos los Santos y domingo de Adviento.
- Carne como en los días de ayuno, si la festividad de los Apóstoles cae en lunes y miércoles.
- En el caso de que quisieran comer los racioneros fuera del priorato, tanto solo reciban pan y vino.

Sin embargo, esta regulación tuvo poca vigencia; como mucho 16 años. Debió de surgir un pleito entre los racioneros por un lado, y el prior de San Salvador de Ejea y el abad de La Selva Mayor (Sauve-Majeure) por el otro. El Concejo de Ejea tomó cartas en el asunto y suplicó al obispo de Zaragoza que estableciera una nueva ordenación de la prestación de los servicios religiosos en Ejea de los Caballeros. Sancho dictó sentencia el 20 de noviembre de 1234, cuyos hechos más destacables se indican a continuación:

- Aumenta el número de racioneros para ocuparse de los oficios religiosos de dieciséis a veinte, distribuidos en las siguientes categorías:
  - Doce presbíteros.
  - Cinco diáconos.
  - Tres subdiáconos.
- Cuatro presbíteros, dos diáconos y un subdiácono se encargarían de la parroquia de Santa María.
- Ocho presbíteros, dos diáconos y dos subdiáconos administrarían los oficios religiosos de la parroquia de San Salvador.
  - De estos, dos presbíteros deben servir en las iglesias de San Andrés y San Juan, designándolos el prior de San Salvador de Ejea o el capellán mayor de la parroquia de San Salvador.

No se dice nada al respecto del contenido y cuantía de las raciones o porciones de los racioneros. Por lo tanto, interpretamos que no hay cambios ni modificaciones en ellas.

Las causas del aumento de clérigos racioneros no se pueden saber con la documentación del priorato de Ejea que ha llegado a nuestros días. En mi opinión, la principal sería el crecimiento de la población de Ejea de los Caballeros. Salvo los últimos 20 años del siglo XIII, este sigue siendo un siglo de alza económica y demográfica. Ejea no escapa a esa tendencia. Además, observamos dos nuevas iglesias: San Andrés y San Juan. Estos hechos vendrían a justificar mi punto de vista. ¿Dónde estaban estas iglesias? La toponimia actual de Ejea, y las fotografías del siglo pasado e inicios de este nos permiten ubicarlas. En el callejero se encuentran las calles de San Andrés y de San Juan. Esta última iglesia se hallaría en zona extramuros, fuera de la muralla. Aunque sin saber el lugar preciso, sí en la vía que comunica la iglesia de San Salvador con la carretera A-127, que cruza el río Arba de Luesia. Por el contrario, hasta hace una década, aún se conservaban restos de la entrada de la iglesia de San Andrés, en el número 13 de la calle de este mismo nombre. Otra duda que se nos plantea es si estas iglesias se construyeron nuevas a raíz del crecimiento demográfico o fueron convertidas de mezquitas a iglesias después que Santa María y San Salvador. La carencia de restos arqueológicos publicados, la no concreción de las fuentes musulmanas del número exacto de mezquitas y su no aparición en el primer documento de regulación del culto cristiano católico de Ejea de los Caballeros, nos impiden por el momento despejar la incógnita en torno a ellas.

La documentación no lo refleja, pero debían existir problemas económicos con las rentas del priorato de San Salvador de Ejea, incluso con algún otro más. Bien que los ejeanos, o parte de ellos, no pagaban los diezmos, bien malas cosechas que redujeran las rentas. En septiembre de 1240, el prior de San Salvador de Ejea, Elías, con la aprobación del abad de La Selva Mayor, ceden la explotación del propio priorato de Ejea a Juan Pérez de Logran, a quien también le habían encomendado el priorato de Santa María de Arguilaré (Los Pintanos). Juan Pérez de Logran se compromete a mandar al monasterio de La Selva Mayor 140 monedas de oro anuales. A cambio, él ha de hacer la gestión del priorato ejeano. Tras su muerte, el priorato retornó al control directo de la abadía girondina. Sin embargo, desconocemos el año concreto de retorno del priorato de San Salvador de Ejea a la gestión directa de sus monjes.

Por otro lado, los propios racioneros de Ejea se constituyeron en capítulo, organizándose como una propia institución jurídica de carácter religioso. Esto debió de suceder entre 1235 y 1240. Lo que no podemos asegurar es si la creación del capítulo de clérigos racioneros de Ejea está directamente relacionado con el arrendamiento de la gestión a Juan Pérez de Lográn del priorato de San Salvador de Ejea de los Caballeros, o viceversa. Lo que está claro es que el último día de mayo de 1241 los racioneros de Ejea gestionan un importante patrimonio fundiario, ya que en esta fecha venden un campo en el término de Luchán.

Al inicio del último cuarto del siglo XIII, el capítulo de clérigos racioneros debió solicitar un aumento en las raciones. El

Concejo de Ejea apoyó esta petición aduciendo la insuficiencia dc las mismas y el aumento de riqueza del priorato de San Salvador de Ejea con un nuevo arrendamiento posterior al de Juan Pérez de Logran. El representante del abad de La Selva Mayor sentencia a favor de los clérigos racioneros, lo que acepta Pedro de Trillis, prior de San Salvador de Ejea. ¿Cuáles son las nuevas raciones?

- Todos los días: tres libras y media de pan y un octavo de libra de vino.
- Martes, jueves y domingo:
  - Todo el año menos cuaresma y adviento: media libra de carne.
  - Cuaresma y adviento: tres óbolos de pescado, un férculo y dos dineros.
- Lunes, miércoles y sábado:
  - Todo el año menos cuaresma y adviento: un férculo, tres huevos y una libra de casay cada tres.
- Cuaresma y adviento: dos férculos.
- Vigilias:
  - Todos los Santos: dos férculos.
  - Martes y jueves: tres óvolos de pescado y un férculo.

Poco más conocemos sobre lo que queda del siglo XIII. En un momento indeterminado a partir de la segunda mitad del siglo, se cambió el contenido de las raciones (33 sueldos).

El siglo XIV comienza agitado y con tensiones entre el capítulo de clérigos racioneros y el priorato de San Salvador de Ejea. Y en un contexto de crisis económica, que ya se había iniciado, los racioneros de Ejea demandan un aumento de sus cuantías. Las diferencias entre ambas partes finalizan con un documento de concordia ratificado por el Concejo de Ejea y el obispado de Zaragoza, cuyo documento se otorga en junio de 1318. Las nuevas raciones quedan en siete cahíces y dos arrobas de trigo, siete nietros de vino (cinco de mosto y dos de mallolo en la medida usada en Ejea de los Caballeros) y en cincuenta sueldos jaqueses. Cada uno de los racioneros del capítulo de clérigos racioneros de Ejea de los Caballeros ha de vivir con esta cantidad y sufragar los gastos que genera la celebración de los oficios religiosos del culto católico en la ciudad. La subida que se observa se limita a diecisiete sueldos jaqueses, pues las cantidades de trigo y vino se mantienen iguales. Ahora bien, al no tener datos macroeconómicos, desconocemos si realmente el alza en la remuneración de los racioneros supuso obtener un mayor poder adquisitivo, o bien que no se perdiera en exceso.

En 1332 nuevamente el capítulo de clérigos racioneros vuelve a quejarse sobre las raciones al prior de San Salvador de Ejea de los Caballeros. Esta vez el problema fue en torno al vino. Los racioneros alegaban que se les daba vino podrido. El hecho se soluciona pronto mediante un acuerdo entre las partes que también ratifican el abad de La Selva Mayor (Sauve-Majeure), el arzobispo de Zaragoza y el Concejo de Ejea de los Caballeros. Se estableció por unos y otros que el vino procedería de las viñas que el priorato tenía en el término de Camarales de Ejea de los Caballeros. El documento parece que nombra otros términos, pero las malas condiciones de conservación impiden que las conozcamos.

Uno de los clérigos racioneros de Ejea, Martín de Aniés, se dirige al obispo de Zaragoza exponiendo que el prior de San Salvador de Ejea de los Caballeros no les responde a sus preguntas en torno a los derechos, rentas y provisiones que les corresponden. El arzobispo de Zaragoza admite las súplicas y ordena al prior que responda. Y autoriza como juez a Pedro Sánchez Donat, que le ordena al prior que responda a las cuestiones que le había planteado Martín de Aniés, bajo la pena de excomunión e informándole que el clérigo racionero ni participaría en los oficios religiosos, ni tampoco los oficiaría. A este respecto, el procurador del prior manifestó que no lo haría y se fue a las dependencias del priorato, ya que los hechos se produjeron en la puerta de la vivienda del prior el 14 de enero de 1337.

Veintidós años después, en 1340, el capítulo de clérigos racioneros establece un nuevo sistema de cobro de raciones, que consiste en el reparto y explotación del dominio fundiario de su propiedad. Estudiado por José María Auría Labayaen en su obra inédita de tesis de licenciatura, *Documentación medieval del Archivo Parroquial de Ejea de los Caballeros. Transcripción*, de 1982, se produce un reparto de 19 lotes iguales equivalentes a 19 raciones. 17 clérigos disponen de una tierra y de una viña. Sin embargo, no hay tierra para todos, de modo que dos de ellos reciben dos sueldos y seis dineros cada uno, cantidad igual al valor de cada lote de tierras que gestiona un racionero del priorato de San Salvador de Ejea de los Caballeros. Estos tienen una serie de obligaciones como regar, cavar y podar todos los años, mantener y cuidar el cercado de las viñas, perder la ración, que se repartiría entre los restantes en caso de no atender las labores agrícolas, o comunicar al capítulo de clérigos racioneros que no realizan las labores de mantenimiento de las tierras que cada uno posee.

Las controversias en torno al capítulo de clérigos racioneros continuaron. Si bien no ven afectadas las cuantías de las raciones, el siguiente episodio de este problemático asunto trata sobre el origen de los citados racioneros. En 1373, y ante las quejas del Concejo de Ejea, se establece que diecinueve de los veinte clérigos racioneros que se ocupan del servicio religioso de las parroquias de Ejea de los Caballeros sean naturales de la ciudad. Esto supone recordar drásticamente el poder de La Selva Mayor y del priorato de San Salvador. Así, con la nueva decisión, esta institución solo tiene poder efectivo para nombrar con total libertad a uno de los racioneros, pudiendo ser de Ejea, o no. Un siglo y un cuarto después, el rey de Aragón Fernando II (Fernando el Católico) lograba el 1 de junio de 1507 que el Papa ratificara esta decisión a través de una bula. Por el momento, ya no hay más conflictos entre el prior de San Salvador de Ejea y La Selva Mayor (Sauve-Majeure) por un lado, y el capítulo de clérigos racioneros por el otro.

Problemas entre el Priorato de San Salvador de Ejea y el Monasterio de La Selva Mayor

De acuerdo con las disposiciones regias, al monasterio de La Selva Mayor (Sauve-Majeure) le correspondían todos los diezmos y la administración del culto religioso. Ricardo del Arco, en su historia sobre Ejea de los Caballeros, publicada en 1972, casi veinte años con posterioridad a su muerte, escribía que el abad de La Selva Mayor (Sauve-Majeure) elegía al prior y que todos los priores y los monjes eran de origen francés. Por otro lado, el prior de San Salvador debía acudir todos los años a la reunión capitular del monasterio en la festividad de San Simón y San Judas (24 de octubre), en la que también debería entregar el remanente del beneficio obtenido con las rentas recaudadas.

Sin embargo, en la segunda mitad del siglo XIV surgieron desavenencias entre el prior de San Salvador de Ejea y el abad de La Selva Mayor (Sauve-Majeure), las cuales llegaron a los tribunales. En 1373, dos cardenales emitieron una sentencia arbitral que resultó des-

Torre-campanario de la iglesia de la abadía de La Selva Mayor, vista del exterior del templo.
Foto: Roberto Viruete

favorable para el prior de San Salvador de Ejea. Él debe entregar un tributo anual de treinta y cinco florines de oro de Aragón al abad de La Selva Mayor (Sauve-Majeure) en la festividad religiosa indicada en el párrafo anterior. El priorato no siempre pagó en su momento dicho tributo. En 1455 el abad de La Selva Mayor le manda un ultimátum, bajo pena de excomunión, al prior ejeano, Jaime De la Cavallería a fin de que pagara la anualidad de 1453. Jaime De la Cavallería abonó en 1460 los tributos correspondientes a este año y a los de 1449, 1450 y 1451. En 1474 Jaime de la Caballería entrega al abad de La Selva Mayor el tributo de dicho año. Además, la documentación del monasterio francés indica que también renovó el pago del tributo.

Problemas y conflictos entre los sacerdotes existentes en Ejea de los Caballeros

El capítulo de clérigos racioneros de Ejea de los Caballeros tuvo problemas internos en su seno, pero también con el resto de sacerdotes que vivían en la ciudad. No sabemos las causas ni las razones que llevaron a un primer pleito judicial entre los clérigos racioneros de Ejea y los otros clérigos ejeanos que no formaban parte del citado capítulo que administraba el culto religioso en la ciudad. Los hechos ocurrieron en el año 1274 y estaban relacionados con los aniversarios, las peticiones y los legados testamentarios de los difuntos. El capítulo de clérigos racioneros y los otros sacerdotes nombraron procuradores para que los representaran en el juicio arbitral de Jimeno Blasco de Ejea, que debía resolver el asunto antes del domingo de carnaval de 1275.

Al inicio de 1322 se produce un nuevo problema. En las procesiones de la Navidad de 1321, del domingo siguiente, de Año Nuevo y del primer domingo de 1322 no estuvieron presentes cuatro de los clérigos racioneros, entre ellos el capellán de la parroquia de Santa María de Ejea de los Caballeros. El vicario de la parroquia de San Salvador de Ejea de los Caballeros les requirió que indicaran el motivo de la ausencia y les emplazó a pagar la multa correspondiente en un periodo de seis días bajo pena de excomunión. El vicario de la parroquia de San Salvador basaba su amonestación en una orden del antiguo obispo de Zaragoza, Jimeno, que en esa fecha ocupaba el cargo de arzobispo de Tarragona. Jimeno había ordenado que todos los clérigos de Ejea de los Caballeros tenían la obligación de acudir a las procesiones que se realizaran en la parroquia de San Salvador los domingos y fiestas religiosas solemnes. El obispo había establecido una multa de dos sueldos por cada procesión que se faltara.

El capellán de la parroquia de Santa María, Íñigo López de Cáseda, y el clérigo racionero de Ejea Juan Seguín protestan por la amonestación recibida y rechazan que hayan incurrido en una falta en el ejercicio de sus funciones, y por tanto que se les requiera pagar una multa por no asistir a las citadas procesiones. Alegan no solo que el servicio religioso en la parroquia de Santa María se vería perjudicado, sino que también la orden del obispo no tendría validez al ser arzobispo de Tarragona y no obispo de Zaragoza en el momento en el que suceden los hechos. Expresan su intención de recurrir al obispo de Zaragoza, aunque aceptarían acudir a dichas procesiones si el arzobispo de Zaragoza en ejercicio así lo dispusiera.

No sabemos cómo acabó realmente este problema, pero parece ser que se prolongó en el tiempo y pasó por diversas instancias judiciales dentro de la Iglesia. Al final de 1323, los vicarios de Rivas y de San Bartolomé, Íñigo de Sentia y Miguel de Biel respectivamente, presentaron apelación a la Santa Sede en el priorato de Ejea de los Caballeros, estando presente, además, uno de los monjes de La Selva Mayor (Sauve-Majeure). La documentación transcrita ya no aporta más información al respecto.

Algunos años más tarde, se produjo un acuerdo entre el vicario de la parroquia de San Salvador de Ejea de los Caballeros y el arzobispo de Zaragoza Pedro, por el que se concedía una primicia a la citada parroquia. Entonces el capellán de la parroquia de Santa María pidió que ese acuerdo fuera tratado por el vicario de San Salvador y dos vecinos de Ejea. El capellán informa que lo primero era asegurar el buen funcionamiento del servicio religioso y que se proveyera de lo necesario a las parroquias de Ejea. Sin embargo, después de dicho acuerdo a favor de San Salvador, la parroquia de Santa María carecía de campanero, lo que ya había planteado al vicario y a los jurados del Concejo de Ejea de los Caballeros. Esa ausencia de campanero impedía la administración del culto religioso y del cementerio, ya que no sonaba la campana para avisar de los oficios correspondientes. También indicaba que no se cumplía el acuerdo entre el Concejo y el Arzobispado. El vicario de la parroquia de San Salvador ordenó que se restituyera lo necesario en la parroquia de Santa María (aceite, cera e incienso) y que se pagara al campanero, siendo posible reclamar al arzobispo si no cumplía. Esto ocurrió en agosto de 1338. A finales de octubre, el vicario de la parroquia de San Salvador responde a los requerimientos del capellán de la parroquia de Santa María, haciéndole saber que él se encarga de seguir todo el proceso y de hacer lo que arzobispo de Zaragoza mandara sobre el asunto.

En 1343 tuvo lugar un conflicto entre el capítulo de canónigos racioneros de Ejea, dependientes del priorato de San Salvador de Ejea, perteneciente al monasterio benedictino francés de La Selva Mayor (Sauve-Majeure) y el convento de la orden de los franciscanos en Ejea de los Caballeros, situado en la antigua parroquia de San Andrés, que aparecería en el documento de ampliación de los clérigos racioneros dado por el obispo de Zaragoza con el consentimiento del prior de San Salvador de Ejea y el abad de La Selva Mayor (Sauve-Majeure) en 1234. El capítulo de clérigos racioneros defiende que pueden entrar en el convento de los franciscanos y en el cementerio con su cruz, portando difuntos y por otras razones. En cambio, los franciscanos argumentan que esa conducta no se puede permitir al atentar contra sus derechos y libertades y causar daño y perjuicio.

Las partes acuerdan que el problema lo solucionen sus respectivos superiores: el prior de San Salvador de Ejea, Hugo de Leveson, y el custodio de la Custodia de Zaragoza de la Orden de los Frailes Menores, Lorenzo de Maguar. Ante notario, ambos acuerdan perdonarse las demandas e injurias mutuas, que los miembros del capítulo de clérigos racioneros puedan entrar y salir libremente en la iglesia y el cementerio del convento de San Francisco con cruz y sin cruz, con difuntos y sin difuntos y por cualquier otra razón y que lo frailes del convento de San Francisco no pudieran salir del mismo con la cruz y con difuntos. A pesar de aceptarse el acuerdo, los frailes expresaron sus protestas por no poder salir del convento, especialmente si había un difunto con hábito de la orden que se quisiera enterrar en el cementerio, y los racioneros dijeron que no consentirían aquello que perjudicara sus derechos.

El final del monasterio de la Selva Mayor en Ejea de los Caballeros

Fernando el Católico inició una política de disolver las propiedades que los monasterios franceses tenían en el reino de Aragón. Un ejemplo de ello fue el priorato de San Pedro El Viejo, que dependía del monasterio de San Ponce de Tomeras, ubicado cerca de Narbona. Carlos I continúa la política de su abuelo materno en los territorios hispánicos. El primer rey de la dinastía Austria o Habsburgo desempeñó un papel clave para que la presencia de La Selva Mayor en Ejea de los Caballeros llegara a su fin.

Andrés Martón, monje de Santa Engracia del siglo XVIII y autor de una historia del monasterio de Santa Engracia, relata los hechos de la siguiente manera. Antonio Sánchez, prior de San Salvador de Ejea, deja vacante el puesto en 1510. Carlos I no quería que el priorato lo poseyera un cardenal veneciano que favoreciera los intereses franceses y solicita la unión del priorato al monasterio de Santa Engracia. Martón lo precisa del siguiente modo: Pedro de la Vega, prior de Santa Engracia manda a su vicario a Roma con una carta del rey y otra del embajador español ante el Papa para pedir la citada unión el 28 de julio de 1529.

El papa Clemente VII, que coronó a Carlos I en la ciudad de Bolonia, hizo una bula con fecha de 29 de septiembre de 1529 por la que concedía una pensión de mil ducados de oro a al clérigo de Mantua Umberto Strocce sobre las rentas del priorato de San Salvador de Ejea de los Caballeros, y establecía que este pasara a ser propiedad del monasterio jerónimo zaragozano de Santa Engracia. Tres días más tarde, el cardenal de Columna, Pompeyo, consentía dicha unión ordenada por el papa. Esto supone el final de la presencia del monasterio francés de La Selva Mayor en la ciudad de Ejea. El proceso se completó el 30 de enero de 1530, día en el que el monasterio de Santa Engracia toma posesión del priorato de San Salvador de Ejea de los Caballeros y todas sus propiedades, incluyendo también al capítulo de clérigos racioneros que administraba el culto religioso en las parroquias de San Salvador y de Santa María.

Proceso de aprehensión a instancia del Prior y monasterio de Santa Engracia de Zaragoza, contra la iglesia del Salvador de Ejea de los Caballeros, sobre posesión de dos raciones. Real Audiencia de Aragón, 1671. AHPZ, Catálogo de pleitos civiles de 1381 a 1711, n. 305, ff.10v-11r.

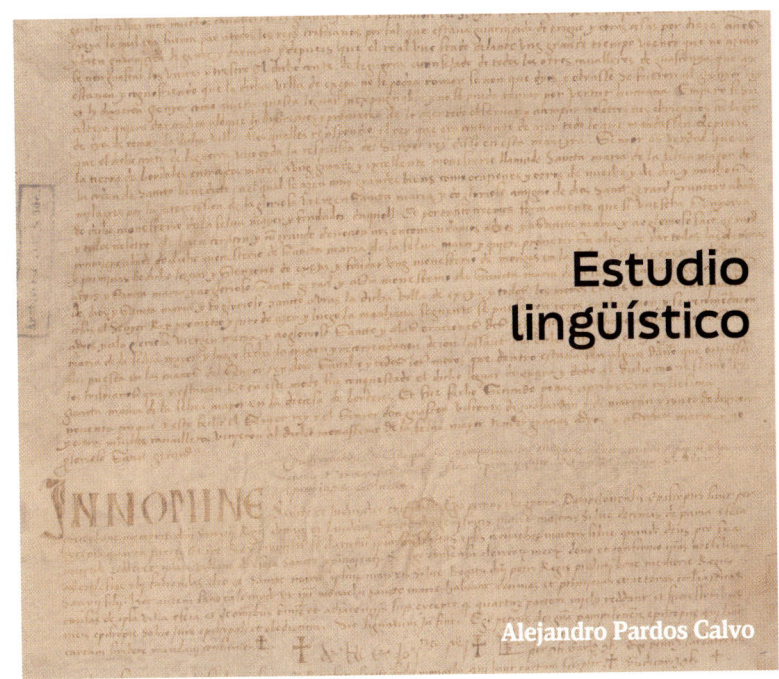

Estudio lingüístico

Alejandro Pardos Calvo

Nos encontramos ante el texto del *Sitio de Ejea*, un relato medieval que narra los eventos de la conquista de la villa de Ejea de los Caballeros por parte de las tropas cristianas. El presente capítulo se centra en el análisis filológico del texto, considerando las diferentes versiones que se han conservado, con el fin de identificar las particularidades y variaciones que ofrecen desde un punto de vista lingüístico y formal.

Para abordar este tema, es imprescindible aclarar primero cuáles son las versiones del texto que se han conservado, así como las complejas relaciones que existen entre ellas. Hasta la fecha, se han identificado cinco versiones distintas. En cuanto a su caracterización lingüística, es posible afirmar que tres de ellas están redactadas en aragonés, una en gascón (o más bien en una koiné trovadoresca de carácter occitano con rasgos gascones), y la última, más compleja, está escrita en castellano, aunque presenta rasgos aragoneses. Este capítulo se centrará exclusivamente en el estudio lingüístico de las versiones escritas en aragonés y castellano. Para un análisis detallado de los aspectos lingüísticos del texto gascón, véase Beigbeder (2019: 102). Atendiendo a los aspectos formales y al contenido, las versiones pueden agruparse en dos grandes bloques. En primer lugar, encontramos las versiones de filiación claramente aragonesa, denominadas A, B y C, que son prácticamente idénticas en estructura y contenido. Las variaciones que presentan entre sí son mínimas e irrelevantes, de carácter fonético o morfológico, y no alteran el sentido del texto ni condicionan significativamente la lengua empleada. No obstante, dichas diferencias se examinan de manera precisa en el análisis lingüístico que aquí se presenta. En segundo lugar, se encuentran el manuscrito redactado en gascón y el manuscrito redactado en castellano con sustrato aragonés, al que denominaremos D. Las coincidencias entre ambos textos son tan significativas que resulta difícil no considerarlos estrechamente relacionados. En cuanto al contenido, aunque ambos manuscritos conservan esencialmente el mismo relato que el resto de las versiones, presentan una estructura particular. Por otra parte, se observan numerosas analogías en el léxico y en la construcción de las frases, lo que podría indicar que ambos comparten una fuente común o que uno fue adaptado a partir del otro, reflejando así un claro proceso de transmisión textual.

A continuación, se ofrece una breve descripción de las distintas versiones:

Versión A: La conocemos gracias a M. Rabanis, que da noticia de la misma y la transcribe en su aportación «Documents extraits du cartulaire de l'Abbaye de la Seauve, sur le prieuré d'Exea, en Aragon» (1839) en *Actes de l'Académie royale des sciences, belles-lettres et arts de Bordeaux*. La autoría de la copia se atribuye a Francisco Bayetola, clérigo y notario de Ejea de los Caballeros. Según argumenta Rabanis, el 27 de febrero de 1568, Bayetola envió una carta al abad de La Selva Mayor, en la que escribió: «*En un libro que de nuevo aqui ha parecido, se halla la conquista de Exea,* *como vera por esta copia*». Con los datos disponibles, no es posible afirmar con certeza que el notario realizara la copia directamente del manuscrito original. No obstante, al final de la copia, Bayetola declara: «*Lo sobredito fue sacado bien y fielmente de un libro antigo de pargamino escrito de mano*». En cuanto a la lengua empleada, el propio Rabanis sostiene acertadamente: «*La pièce que je transcris sous le numéro 1 est une légende en vieux aragonais*»[13].

Versión B: Aparece recogida en el primer tomo del libro *Thesaurus novus anecdotorum*, escrito por los sacerdotes y monjes benedictinos Martène Edmond y Ursin Durand en 1717. Como el propio libro indica, se trata de un compendio de «cartas y diplomas de reyes y príncipes, y de otros hombres ilustres».

Versión C: Es parte del contenido de un proceso del año 1671. El documento original se encuentra en el Archivo Histórico Provincial de Zaragoza, con signatura AHPZ - J/000708/0001 y bajo la descripción «Proceso de aprehensión a instancia del Prior y monasterio de Santa Engracia de Zaragoza, contra la iglesia del Salvador de Ejea de los Caballeros, sobre posesión de dos raciones». Esta versión de la Batalla de Ejea nos fue revelada gracias a la mención que hace del mencionado proceso Joseph Felipe Ferrer y Racaj en su obra *Idea de Exea. Compendio histórico de la muy noble y leal villa de Exea de los Caballeros* (1790). En este caso, pudimos acceder al original y optamos por realizar la transcripción del mismo como fuente de información de calidad para el análisis.

Versión D: Se encuentra en un cartulario en forma de rollo, ubicado en el *Archive de la Gironde*. Tiene unas dimensiones aproximadas de 4,95 m de largo x 0,32 m de ancho y contiene la transcripción de 35 actas relativas a las posesiones de la abadía en Aragón. Toda esta información se conoce gracias a la descripción y transcripción que Auguste Brutails realizó del mismo en 1891 en

---

13 Trad.: «El fragmento que transcribo bajo el número 1 es una leyenda en antiguo aragonés».

su artículo «Note sur un cartulaire en forme de rouleau provenant de l'abbaye de la Sauve-Majeure». El propio autor, conocedor de las otras versiones, reflexiona sobre la similitud de contenido que hay entre las tres y declara: «Un relato análogo en cuanto al contenido, aunque con un texto diferente, fue publicado en español[14] y en latín por Martenne (*Thésaurus anecdolorum*, t. I, c. 263), y en español par M. Rabanis (*Actes de l'Académie de Bordeaux*, 1839, p. 319)». Tras un complejo proceso de solicitud, logramos obtener una copia digital del manuscrito. Por ello, se optó nuevamente por la transcripción del mismo, teniendo en cuenta, además, que se trata de un manuscrito medieval y no de uno moderno.

Análisis de las versiones A, B y C

Desde una perspectiva fonética, el texto se alinea con las características del aragonés medieval. De este modo, se observa una conservación sistemática de la F- etimológica inicial en todas las versiones: *fazer*, *fazen*, *faga*, *fezieron*, *feyta*, *feytas*, *feyto*. Lo mismo sucede con el grupo inicial latino CL- (*clama*, *clamada*) y el grupo PL- (*plorando*). La voz *gemegando* (cast. 'lamentándose') constituye un claro ejemplo de evolución de G^e- inicial a la africada palatal sorda /tʃ/. En la versión C aparece como *gemecando*, con conservación de la *oclusiva sorda intervocálica* -C- (< lat. GEMICARE). Identificamos otro caso de conservación de la *oclusiva sorda intervocálica -T- en el participio edificata (B), aunque lo más probable es que se deba a un error de transcripción (en el resto, edificada)*.

La evolución del grupo latino -CT- responde de forma general a las normas propias del aragonés con su paso a -*it*-. Así, documentamos *dito*, *dita*, *sobredito*, *sobreditas*, *feyto*, *feyta*, *feytas*; incluso *vitoria* (C) (< lat. VICTORIA). No obstante, se documenta *fructíferas* y *fruttos* (A), este último debido a un error de transcripción (*fructo*

---

14 En ambos casos, el autor clasifica la lengua del manuscrito como español, seguramente, por desconocimiento.

en C). Del mismo modo, -LT- evoluciona a -it- en todos los casos, de acuerdo con la fonética histórica del aragonés: *muyto, muytos, muytas*.

La grafía -ll- refleja el fonema dorso-palatal lateral sonoro /ʎ/ en *recollidas*, derivado de *recollir* (cast. 'recoger, reunir, recaudar'). Este sería el resultado característico del aragonés, pues en su étimo latino se encuentra el geminado /ll/ seguido de yod (< lat. *RECO-LLIGĔRE*) (Vázquez, 2019-2020: 94). Por otra parte, en el gerundio *seyendo* identificamos un caso de palatalización del grupo -dj-. Su infinitivo, el arag. *seyer* (cast. 'ser, estar') procede del lat. SEDĒRE. Llama igualmente la atención la metátesis producida en *gleisa* (A) (< lat. *ECCLESĬA), aunque también se documenta glesia (B, C).*

Se identifican dos casos de diptongación de -Ŏ- breve tónica ante yod en *guellos* (< lat. *ŎCULU;* cast. 'ojos') y *Gascuenya* (var. gráf. *Gaschueyna, Gaschuenya*), que proviene del étimo VASCŎNIA. También hay diptongación en la forma típicamente aragonesa *yes* (cast. 'es'), documentada en todas las versiones, frente al pretérito imperfecto *era*, que, sin embargo, no diptonga. Paralelamente, algunas formas excepcionales que se registran sin diptongación son *tempo, tempos* (excepto en C), *ben* (A), *grossos* (*gruesos* en C). Por último, merece atención el tratamiento singular de las vocales en determinadas palabras. Encontramos casos de vacilación de las vocales átonas en *cubrar* 'recuperar' (A), *spacificadas/espacificadas* 'especificadas' (A, C) o *ciminterio* 'cementerio'. La forma *pudian* (A) probablemente surge por analogía, con la aparición de la vocal /u/ influenciada por otras formas verbales de la misma conjugación. También podría deberse a la presencia de la /i/ que podría cerrar la /o/ presente en la sílaba anterior. Finalmente, documentamos *faytas* (B), una forma anómala en la que la /e/ del diptongo /ei/ se abre dando el diptongo /ai/.

Para concluir esta parte del análisis, debemos considerar las particularidades fonéticas que presenta la versión B. Este texto exhibe determinados rasgos que sugieren una posible influencia occitana. El más significativo es el seseo, presente a lo largo de todo el texto, con ejemplos tan claros como: *faser, disiesen, diseron, esfuersa, esfuerso, speransa, fortalesa*. Al mismo tiempo, llama la atención que en algunos casos se escribe -z donde debería aparecer -s: *Despez, dixo lez* 'les dijo', *nos dez* 'nos des', *depuez* 'después'. Adicionalmente, se puede considerar la presencia del artículo *lo* como un elemento propio de dicha *scripta*: *Vos devedes saber, que en lo tempo de la conquista del Rey don Sanche.*

En el plano morfológico destaca la tendencia generalizada a la terminación de los adverbios en *-ment*, de acuerdo con la *scripta* medieval aragonesa: *piadosament, entierament* 'íntegramente', *devotament, comuniment/comunement* 'comúnmente', *fuertment/fuertament, humildosament* 'humildemente' (aunque *humildosamente* en A). El apócope de -e se extiende a *fuert, continent*. En lo que respecta a la morfología verbal, se constata la presencia de numerosas formas castellanizadas, un fenómeno ya común en el aragonés medieval. Así encontramos *debedes* 'debéis', *demandades* 'pedís', *entraron, mataron, abieron/hauieron* 'tuvieron'. No obstante, se documentan las formas aragonesas *teniese* 'tuviese', *die* 'dio' (?), *comendoron se* 'se encomendaron', el gerundio *seyendo* y el participio *seydo* 'sido'.

En cuanto al uso de preposiciones, es notable la utilización de *a* con distintos significados. Identificamos un primer uso con valor de 'en', casi siempre ligado al verbo *aver/hauer: tu avrias el lugar a tu mano; por tal quel pudiese aver el lugar a su mano; et cobrar el dito lugar de Exea a nuestra mano; quel dito lugar pudian cobrar et aver a su mano; et lo prendieron assi en esta manera a su mano.* El verbo *aver* se utiliza, por tanto, con la acepción de 'tener'. Este uso del verbo como transitivo para expresar posesión gozaba de gran difusión en aragonés medieval (Fernández, 2018: 117). Se registran numerosos ejemplos, además de los ya citados: *non lo podian aver del poder de los moros infieles; no lo podemos aver; aviendo contricion; aviendo sperança.* Volviendo a los usos de la preposición *a*, esta no siempre adquiere un sentido espacial: *a honor del quel fue feyta la conquista.* También se emplea con valor de 'por, para': *en la qual fuesen recollidas todas las ditas decimas et promicias del dito lugar a todos tempos.*

También sobresale el uso de la preposición *enta* en la construcción *en taqua* 'hacia aquí', con sentido temporal: *Et mataron los moros et abieron victoria de los infieles et despues en taqua han seydo todas las decimas et promicias sobreditas del lugar de la dita villa de Exea.* Finalmente, se documentan las variantes *por* y *per*, siendo *por* la forma predominante, con hasta seis apariciones en A, frente a un único caso de *per*, registrado en A y B: *oydos et entendidos los milagros et virtudes que el Nro Señor Dios demostrava per meritos del sancto.*

En este contexto, es pertinente examinar las locuciones adverbiales. Estas son combinaciones de palabras que desempeñan la misma función que un adverbio y aportan significado adicional al verbo en la oración. Encontramos construcciones propias del aragonés medieval. A continuación se exponen las más relevantes:

las horas 'entonces': *Las horas el compte et los cavalleros le dixeron; Las horas el señor rey oydos et entendidos los miraglos e virtues; Las horas los ditos compte el noble et cavalleros...*

en do (var.: *endo*) 'donde': *endo se fazen muytas almosnas e muytos bienes piadosament.*

de continent 'enseguida, a continuación, inmediatamente': *que tu nos atorgues et nos des Iuego de continent.*

a todos tempos jamas (var.: a todos tiempos) 'para siempre': *que tu nos atorgues et nos des Iuego de continent, agora et a todos tempos jamas, las decimas et primicias.*

En términos sintácticos, se aprecian algunas construcciones destacables. Dos de ellas hacen un uso peculiar de la preposición *de*: *que tanto era de fuert*; *se fazen muytos de miraglos*. En el caso de *atorgolesne* (var.: *otorgolesne, otorga lesne*) estamos ante una combinación pronominal que refleja el uso de los pronombres de dativo y acusativo de tercera persona en aragonés medieval: *Las horas el señor Rey atorgolesne et juro et prometio al nuestro señor Dios Jhu Xro.* Por una parte se identifica la forma verbal (v. *atorgar*, 'otorgar'), correspondiente a la tercera persona singular del pretérito perfecto simple (cast. 'otorgó'); *les* constituiría el pronombre de dativo plural y *ne* el pronombre de acusativo singular neutro. Como ocurre en algunas lenguas románicas, al combinar los pronombres de dativo y acusativo, en algunos casos, la marca de número y género en el acusativo se pierde o se simplifica. En *atorgolesne*, el pronombre *ne* no marca el género del complemento directo y se usa de manera invariable, mientras que el pronombre de dativo *les* mantiene la información de número (plural en este caso). En aragonés medieval es común encontrar la fusión o enclisis de los pronombres con el verbo, formando una única palabra compleja.

Para concluir, se ofrece un glosario varias voces propias del aragonés medieval recogidas en el texto:

almosnas s. f. 'limosnas': *endo se fazen muytas almosnas e muytos bienes piadosament*. Tomado por vía semiculta del lat. *ELIMOSYNA*, y este del griego *elēmosynē*, 'compasión' (DICCA-XV). Sería este tratamiento semiculto el que haría que la Ŏ no diptongara (Nagore, 2021: 72)

arogarias (var.: arrogarias) s. f. 'ruegos, plegarias': *feytas las arogarias del senor Rey fezieron oración et comendoron se devotament con lagrimas plorando de los susguellos*. Derivado de *rogar*, del latín ROGARE, 'preguntar, rogar' (DICCA-XV). Presenta *a-* protética ante sonido vibrante múltiple inicial, fenómeno característico del aragonés medieval. Se documenta *rogaria* en *Vidal Mayor* (Tilander, 2019: 32).

atorgar (var.: otorgar) v. tr. 'otorgar, conceder': *que tu nos atorgues et nos des; Las horas el señor Rey atorgolesne et juro et prometio*. Del latín vulgar *AUCTORICARE, derivado de AUCTOR, 'creador, autor', y este derivado de AUGERE, 'aumentar' (DICCA-XV).

cobrar (var.: cubrar) v. tr. 'recuperar, tomar': *et cobrar el dito lugar de Exea a nuestra mano; non podemos aver ni cubrar aqueste lugar de Exea*. Derivado de *recobrar*, del latín RECUPERARE, 'recobrar', derivado de CAPERE, 'coger' (DICCA-XV).

gleisa (var.: glesia) s. f. 'iglesia': *. E fue edificada gleisa et casa et ciminterio de entro et demas fortaleza*. Del latín vulgar *ECLESIA*, por *ECCLESIA*, 'asamblea, reunión', y este del griego *ekklēsia*, derivado de *ekkalein, 'convocar' (DICCA-XV). También yglesia, eglesia en Crónica de San Juan de la Peña* (Nagore, 2021: 274).

miraglos s. m. 'milagros': *alle se fazen muytos de miraglos;*

oydos et entendidos los miraglos e virtues. Tomado del latín *MI-RACULU*, 'hecho admirable', derivado de *MIRARI*, 'asombrarse' (DICCA-XV).

prometimento s. m. 'promesa': *juxta lo prometimento feyto por el senor Rey sobredito a los ditos compte et noble et cavalleros.* Derivado de *prometer*, del latín PROMITTERE, derivado de MITTERE, 'enviar' (DICCA-XV).

primicia (var.: promicia) s. f. 'primicia, prestación de frutos y ganados que además del diezmo se daba a la Iglesia': *et primicias de pan et de vino et de olivas et de cannamos et de linos et de gañados grossos et menudos; todas las decimas et promicias sobreditas del lugar de la dita villa de Exea.* Tomado del latín *PRIMITIA*, 'primera cosecha anual', derivado de *primus*, 'primero' (DICCA-XV).

Análisis de la versión D

Se aprecian rasgos castellanizantes como la pérdida de F- etimológica inicial en *azían* (2), *azer* (3), *azen*. Suponen una excepción los participios *fecha*, *fecho* (2). Tampoco se mantiene en este caso el grupo latino inicial CL-, que evoluciona a *ll-* en *llamado* (2), en lugar de *clamado*, de acuerdo con la fonética histórica del aragonés.

Podemos observar que las voces procedentes de étimos latinos con el grupo -CT- presentan la solución castellana *-ch-* en todos los casos: *dicha* (9) , *dicho* (9), *nueche, susdicho, fecha, fecho* (2). De este modo, no se registra el tratamiento -CT- > *-it-*, propio del aragonés y ampliamente utilizado en la *scripta* medieval aragonesa. Paralelamente, el grupo -ULT- evoluciona en todos los casos a *-ch-*: *muchos* (4). Asimismo, la pérdida de la *-d-* intervocálica en verbos como *veendo, creemos*, debe considerarse resultado de la influencia castellana.

El único resultado procedente de -LI- que encontramos presenta la solución palatal central típica del castellano, representada en este caso por *-j-*, como se observa en *aconsejado*, y no la palatal lateral, *-ll-*, típicamente aragonesa.

Atestiguamos un único caso de diptongación de -Ŏ- breve tónica latina ante yod. Se trata de la voz *nueche* (< lat. NŎCTE). Esta podría entenderse como un híbrido entre el castellano *noche* y el aragonés *nueit* (por influencia de este último) o bien, teniendo en cuenta la intención del autor, que en todo momento busca la intercomprensión, podría tratarse de una palabra incorporada desde otra lengua, como el asturiano, que emplea la forma *nueche* o, incluso, podría ser un derivado del occitano *nuèch*. En cuanto al tratamiento de -Ĕ- breve latina, se registran las formas *era* (2) y *es*, sin diptongación, en lugar de las aragonesas *yera*, *yes*. Sin embargo, se da la diptongación en otras voces como *contiento* (cast. 'contento'), < lat. CONTĔNTU.

Los adverbios de modo aparecen bajo la forma *-mente*, también de carácter castellano: *fermamente*, *prestamente*. La solución más característica del aragonés medieval es la terminación en *-ment*, con apócope de *-e*, fenómeno extensible a otras voces en las que se advierten igualmente soluciones castellanas: *gente* (2), *excellente*, *seguente*, *delantes*, *delante* (2).

Sin embargo, uno de los aspectos más destacados del texto es la presencia de numerosos préstamos lingüísticos, procedentes de diversas lenguas. Por una parte, identificamos varios occitanismos, algunos de ellos gasconismos, lo que resulta del todo justificable por el contenido del texto y su relación con Gascuña, territorio histórico situado al sur de la actual Francia. De este modo, se podrían considerar occitanismos: *depuéis* (2) (cast. 'después', 'luego'), *prumero/prumjero* (cast. 'primer', 'primero'), *assaut* (cast. 'asalto') o el determinante posesivo *tas* (cast. 'tus'). Podría incorporarse a la lista la voz *totos* (cast. 'todos'), con mantenimiento de la oclusiva alveolar sorda, probablemente por influencia del occ. *tot*.

Es posible distinguir, además, términos provenientes del galaicoportugués, como *caualleiros* (cast. 'caballeros') *maneyra* (cast. 'manera'), *mjlagres* (cast. 'milagros') o *deron* (cast. 'dieron'). La forma *obrigamos* podría explicarse también desde el gallego o el portugués *obrigar* (cast. 'obligar'), aunque no podemos descartar que se trate de un simple rotacismo. Por último, atestiguamos un catalanismo aislado en *conquesta*.

No debemos obviar los aragonesismos presentes a lo largo del texto. Estos no son especialmente numerosos y en ocasiones comparten características comunes con el castellano medieval u otras lenguas, de modo que algunos aspectos no serían atribuibles de manera exclusiva al aragonés. Desde el punto de vista de la grafía, uno de los rasgos más significativos es el empleo del dígrafo aragonés *-ny-* como representación de la consonante nasal palatal [ɲ] hasta en dieciséis ocasiones, frente a un caso de *-gn-* en *Regno* y un único caso de *-nh-* en *manhana*, seguramente debido a la influencia occitana.

Los aragonesismos morfológicos se manifiestan en la formación del plural en *biens* (cast. 'bienes') y *reys* (cast. 'reyes'). Desde época temprana, la *scripta* medieval aragonesa sigue las reglas castellanas y realiza el plural añadiendo el morfema *-es* cuando la palabra termina en consonante o *-y* precedida de vocal. Sin embargo, este comportamiento «ha de considerarse antiguo y característico del período de formación de nuestro romance» (Vázquez, 1995: 197). Destaca también el adjetivo *fuerta*: «la qual era *fuerta* par a todos los reys cristianos». Esto se atribuye a la notable propensión del aragonés a la formación de femeninos sobre voces etimológicas que en latín resultan invariables, al igual que ocurre con otras lenguas como el occitano o el catalán, que, en este caso, ofrecen los adjetivos *fòrta* y *forta*, respectivamente. Por último, podemos considerar igualmente un aragonesismo la voz *tresoro* 'tesoro'.

Sobresale la presencia del artículo determinado *o* tras las preposiciones *de* y *a*, en *d'o* (7) y *a o* (4): «prumero abade *d'o* dicho monesterio de La Selua Mayor; «y a las oraçiones *d'os* religiosos *d'o* susdicho monesterio»; «*a o* glorioso Sanct Gerard». Teniendo en cuenta que su uso es bastante limitado en los textos medievales aragoneses (en los que predominan los artículos *el, la, los, las*) y que el texto incorpora varios términos galaicoportugueses, este fenómeno podría interpretarse desde la óptica del galaicoportugués. Sin embargo, en todos los casos registrados el artículo *o* aparece después de preposición, de acuerdo con el uso documentado en textos aragoneses (Vázquez, 2021: 130), por lo que no se podría descartar un posible origen aragonés.

Otro de los aspectos a resaltar es el empleo del pronombre personal dativo masculino de la tercera persona del singular, *ly* (2) (cast. 'le'). Podría afirmarse que este pronombre es representativo del aragonés y que aparece con mayor frecuencia en fuentes altoaragonesas (Enguita, 2009: 127), aunque también se registra en textos del riojano medieval precastellano (García y García, 1996: 147), dialecto, por otra parte, estrechamente relacionado con el navarroaragonés. En paralelo, se debe señalar el uso de la partícula pronominalo-adverbial *y* (2) con valor locativo: «cognosçiendo que la dicha villa de Exeya no se podía tomar se non que Dyos *y* obrasse»; «sen algun danyo que oujessen los cristianos que *y* estauan». Nos encontramos ante una forma que gozó de gran vitalidad en el aragonés medieval; no obstante, su uso no se restringe a esta lengua y aparece también en el castellano medieval, entre otros (Sánchez, 1992: 796).

Nos encontramos ante una versión bastante peculiar de la *Batalla de Ejea*. A diferencia de las versiones analizadas anteriormente, definitivamente atribuibles al aragonés medieval, la presente versión no se presta a una clasificación tan exacta. La razón radica en que la lengua empleada se ajusta en gran medida a la fonética y la morfología castellanas. En el plano léxico, el panorama es más variado, ya que el autor parece haber incorporado términos procedentes de diversas lenguas ibéricas y ultrapirenaicas, lo que puede responder a una estrategia para facilitar la comprensión a una audiencia variada. En este caso no sería adecuado hablar de una koiné, pues no se trata de una lengua híbrida o común derivada de la unión de varias lenguas. Más bien, podríamos afirmar que el texto está redactado en castellano, aunque presenta un sustrato aragonés notable y se nutre de numerosos préstamos lingüísticos.

No obstante, es muy probable su autoría sea aragonesa. En este sentido, se ha de tener en cuenta tanto la influencia subyacente del aragonés, como su contexto material. Este forma parte de un extenso rollo de pergamino compuesto por varios escritos, todos ellos redactados en latín, salvo dos excepciones notables, escritas en romance: el propio texto de la Batalla de Ejea y un fragmento redactado en aragonés, perfectamente alineado con el aragonés notarial de la época. A continuación, se ofrece la transcripción acompañada de un breve análisis que permitirá dilucidar dichos aspectos:

{1} Conoscan todos que, era *millésima* trecentésima qujnquagésima tercia, día martes, XXVI djas andados {2} del mes de agosto. En presencia de mj notario et de los testim*onios* de yuso scriptos, en la villa de Exeia, dentro en la abbadja {3} del dicho loguar an*te* el hondrado et discreto Don Gonbalt de Bergua Arcipestre de Çerag*o*ça, pr*es*en*te* el hondrado religioso don {3} Fray Johan de Doay, p*ri*or del priorado de Exea. Et presentó y leír fiço an*te* el dicto arcipestre dos lectras del Sey*nn*or vispo de {4} Çeragoça, escriptas en paper, abiertas, seyell*ad*as en el dorso, de las qual*es* lectras las tenores son estas seg*un*t que se signen [...].

{20} E las qual*es* ditas lectras, presentadas et leydas, el d*i*to prior {21} requirió el d*i*to don Gonbalt de Vergua, arcipestre, que él segujs et obs*er*uás el mandamj*en*to del sey*nn*or vispo a eyll feyto en la sobred*i*tas {22} letras. Et el d*i*to don Gonbalt de Bergua, arcipestre de Çeragoça, dixo et respondió que era peyllado de obedjr y segujr el mandamj*en*to {23} del sey*nn*or vispo. Et luogo en continent, restituye al d*i*to prior todos los fruytos et rentas et dreytos petenexi*en*tes al d*i*cto p*ri*orado {24} et a las apendiçjas d'aquell, et soltó et desonparó todas enparas et enbarguamj*en*tos que ell avía feytos ell d*i*cto p*ri*orado, et de las {26} apendiçjas d'aquell et de los fruytos et rentas d'aquellos. Et mandó a Don P*er*o López de Sencia, cap*e*llán mayor de Sancta María de Exea, {25} et a Don García Mallada, cl*é*rigo racionero de aq*ue*ll mismo logar, los qu*a*ll*es* ell auja deputados por collidores de los fruytos y rentas del d*i*to {26} priorado de Exea, que eyllos y cadahuno d'*e*llos entegram*en*t rendiessen al d*i*to prior ho aquí el mandaría todos los fruytos y rentas que {27} eyllos auja*n* collido del d*i*to priorado de Exea. Encara requjrió y mandó a don Aluaro Vicario de Exea y a Don P*er*o López de Sencia, cap*e*llán mayor {28} de Sancta María de Exea, que eyllos, cadahuno en su glesia, monestassen y requjriessen a sus p*ar*roqujanos quj bien y diligentm*en*t {29} respondiessen cadahuno de sus diezmas et dreytos pertenexi*en*tes al d*i*to priorado, al d*i*to Don Fray Johan de Doay, prior, ho aquí {30} el mandaría. Et de todas y cadahunas cosas de suso *d*itas requjrjero*n* a mj, notario de yuso escripto, que ent fiçiés carta púb*l*i*c*a. Testimonjos {31} son d'esto quj p*res*entes fueron et por testimo*n*ios se otorgaron: Dom Mjg*uel* Marq*u*és, clérigo racio*n*ero, et Enego López de Cáseda, vezi*n*os de Exea. {32} Feyto esto, a*n*yo m*i*llésimo, *qu*jbus *s*upra {33} e yo, Mjg*u*el M*a*rt*í*nez, notario púb*l*ico de Exea, quj a todas las sobre*d*itas cosas p*res*ent fue et a re*qu*erjrmje*n*to d*e* los sobre*d*itos esta carta reçibjé et sen*n*jé y sobresen*n*jé.

Tal como se evidencia, el grupo etimológico latino -CT- evoluciona a *-it-* en prácticamente todos los casos: *dito* (9), *ditas* (2), *sobreditos, sobreditas* (2), *feyto* (2), *feytos, dreytos* (2), *fruytos* (4). A modo de excepción, se mantiene la forma latina *dicto* en dos ocasiones y se opta por la forma castellana *dicho* en una única ocasión. De igual modo, la F- inicial latina se mantiene sistemáticamente en *fiço, fiçiés, feyto* (2), *feytos*.

Del mismo modo, se observa el mantenimiento de la -d- intervocálica en *obedjr*, < lat. OBOEDIRE. Derivadas de *collir*, las voces *collidores, collido*, reflejan nuevamente el fonema dorso-palatal lateral sonoro /ʎ/ mediante la grafía *-ll-*. Como se ha explicado anteriormente, este es el resultado propio del aragonés, al encontrarse en su étimo latino el geminado /ll/ seguido de yod (*CŎLLIĔRE < CŎLLĬGĔRE). Otro fenómeno característico lo constituye el paso del fonema velar /-g-/ al palatal fricativo sonoro /j/ cuando le siguen vocales etimológicas tónicas que evolucionan a las romances /e/ o /i/ (Vázquez, 2023: 127). Así ocurre en *seyelladas* (derivado del arag. *seyellar*, del lat. SIGILLARE, 'marcar, sellar, estampar'). Por último, sobresale la grafía *-x-* de *pertenexientes* (2) (el autor comete un error en *petenexientes*), adjetivo derivado de *pertenexer* (cast. 'pertenecer'). Teniendo en cuenta su etimología (< lat. *PERTINĒRE, -SCĔRE*), es la grafía esperada de acuerdo con la fonética histórica del aragonés.

El texto también responde a las características morfológicas del aragonés medieval. En este caso, el apócope de -e se manifiesta de forma sistemática: *en continent* (cast. 'acto seguido', 'inmediatamente'), *entegrament, diligentment, present*. Lo mismo sucede con ciertas formas verbales. Documentamos *fiço, fiçiés, reçibjé, sennjé, sobresennjé*.

En el plano léxico, se revelan voces altamente representativas del aragonés notarial. A continuación, se destacan algunas de ellas:

apendiçjas s. f. 'cosa adjunta o añadida a otra, de la cual es parte accesoria o dependiente': *restituye al dito prior todos los fruytos et rentas et dreytos petenexientes al dicto priorado et a las apendiçjas d'aquell...* Del lat. *APPENDICIA,* 'que cuelga', derivado de *APPENDERE*, 'colgar de algo' (DICCA-XV).

collidores adj. 'cogedores, cobradores o recaudadores de rentas y tributos reales': *los qualles ell auja deputados por collidores de los fruytos y rentas del dito priorado de Exea...* Del lat. COLLIGERE 'recoger' (DICCA-XV).

desonparó v. tr. 3ª p. s. 'desamparó, abandonó': *et soltó et desonparó todas enparas et enbarguamjentos...* Derivado de *amparar*, del latín vulgar *ANTEPARARE, 'prevenir', derivado de PARARE, 'preparar, arreglar' (DICCA-XV). Se registran las variantes *desenparar, desanpar* en *Crónica de San Juan de la Peña* (Nagore, 2021: 171).

enbarguamjentos s. m. 'decomisos, requisas': *supra*. Derivado de *embargar*, del latín vulgar *IMBARRICARE, derivado probablemente del prerromano BARRA (DICCA-XV), 'retener <una persona con potestad para ello> [unos bienes] en virtud de un mandato judicial' (DICCA-XV).

encara adv. 'indica, a menudo con ponderación, que algo se produce como incremento a lo mencionado previamente': *encara requjrió y mandó a don Aluaro Vicario de Exea y a Don Pero López de Sencia...* Algunos autores argumentan que provendría del catalán *encara* y este, a su vez, del latín HORAM, 'hora', con la partícula ANC, 'nunca, aún', de origen desconocido, probablemente prerromano indoeuropeo (DCECH, III, p. 388). No obstante, las etimologías tradicionalmente admitidas para el resto de lenguas son HINC AD HORAM o HINC HA HORA (Nagore, 2021: 198). Se trata de un adverbio de uso extendido en el aragonés medieval.

enparas s. f. 'confiscación, secuestración': *supra*. Derivado de *emparar*, 'acción y resultado de retener bienes en virtud de un mandato judicial'. Del latín ANTEPARARE, 'prevenir de antemano', derivado de PARARE, 'preparar' (DICCA-XV). El DCVB propone el latín vulgar *IMPARARE 'tomar posesión'.

ent compl. pron. adv. 'de ello': *requjrieron a mj, notario de yuso escripto, que ent fiçiés carta pública*. Del latín INDE, 'de allí', sustituye el complemento de un verbo o de un nombre introducidos por la preposición de (DICCA-XV).

monestassen v. tr. 3ª p. pl. 'Decir <una persona> [a alguien] con insistencia que [haga algo] ', cast. 'amonestar, exhortar, advertir': *supra*. Tomado del latín *ADMONERE*, 'traer a la memoria, recordar', probablemente alterado por influencia de *MOLESTARE* (DICCA-XV).

obedjr v. tr. 'hacer <una persona> lo que [alguien] le manda o lo que [algo] establece', cast. 'obedecer': *dixo et respondió que era peyllado de obedjr y segujr el mandamjento...* Del lat. *OBOEDIRE*, derivado de *AUDIRE*, 'oír' (DICCA-XV).

seyelladas adj. y p. p. 'selladas': *escriptas en paper, abiertas, seyelladas en el dorso, de las quales lectras las tenores son estas segunt que se signen*. Derivado del aragonés *seyellar*, del latín SIGILLARE, derivado de SIGILLU, 'signo, marca', y este derivado de SIGNU (DICCA-XV).

Referencias

BEIGBEDER, F. (2019): «La prise de Ejea de los Caballeros par le comte de Bigorre et des chevaliers de Gascogne», *Bulletin de la Société Ramond, 154*, 99-136.

COROMINES, J., Y PASCUAL, J. (1980-1983): *Diccionario crítico etimológico castellano e hispánico.* Barcelona, Gredos. [DCECH]

DiCCA XV - Diccionario del castellano del siglo XV en la Corona de Aragón. (2024). http://ghcl.ub.edu/diccaxv/home/index/myLanguage:es

ENGUITA UTRILLA, J. M. (2009): «Variedades internas del aragonés medieval». En V. Lagüens Gracia (Ed.), *Baxar para subir: colectánea de estudios en memoria de Tomás Buesa Oliver* (pp. 111-149). Zaragoza, Institución Fernando el Católico.

FELIPE FERRER, J. (1790): *Idea de Exea. Compendio histórico de la muy noble y leal villa de Exea de los Caballeros.* Pamplona, imprenta de Benito Cosculluela.

FERNÁNDEZ FERRERES, L. (2019): «Elementos de sintaxis del aragonés en unas ordenanzas municipales oscenses del siglo XII», *Alazet: Revista de filología, 30*, 97-135.

MARTÈNE, E., Y DURAND, U. (1717): *Thesaurus novus anecdotorum.* Lutetiae Parisiorum: Delaulne, Foucault, Clouzier, Nyon, Ganeau, Gosselin.

NAGORE LAÍN, F. (2021): *Vocabulario de la Crónica de San Juan de la Peña.* Zaragoza, Prensas de la Universidad de Zaragoza.

RABANIS, M. (1839): «Documents extraits du cartulaire de l'Abbaye de la Seauve, sur le prieuré d'Exea, en Aragon». En *Actes de l'Académie royale des sciences, belles-lettres et arts de Bordeaux* (pp. 313-330).

SÁNCHEZ LANCIS, C. E. (1992): «El adverbio pronominal y como dativo inanimado en español medieval». *I Congreso Internacional de Historia de la Lengua Española*, 795-804.

TILANDER, G. (2019): *Vidal Mayor. Traducción aragonesa de la obra «In excelsis Dei Thesauris» de Vidal Canellas. Vocabulario.* Zaragoza, Prensas de la Universidad de Zaragoza.

VÁZQUEZ OBRADOR, J. (1995): «Particularidades morfonológicas en la formación del plural en altoaragonés arcaico, a la luz de la toponimia», *Archivo de Filología Aragonesa, 51*, 197-215.

— (2019): «Léxico atestiguado en documentación medieval tensina (II): años 1401 y 1402», *Luenga & fablas, 23-24*, 89-113.

— (2021): «En torno al origen de los alomorfos (e)ro, (e)ra, (e)ros, (e)ras del artículo determinado aragonés», *Revista de Filología Románica, 38*, 121-132.

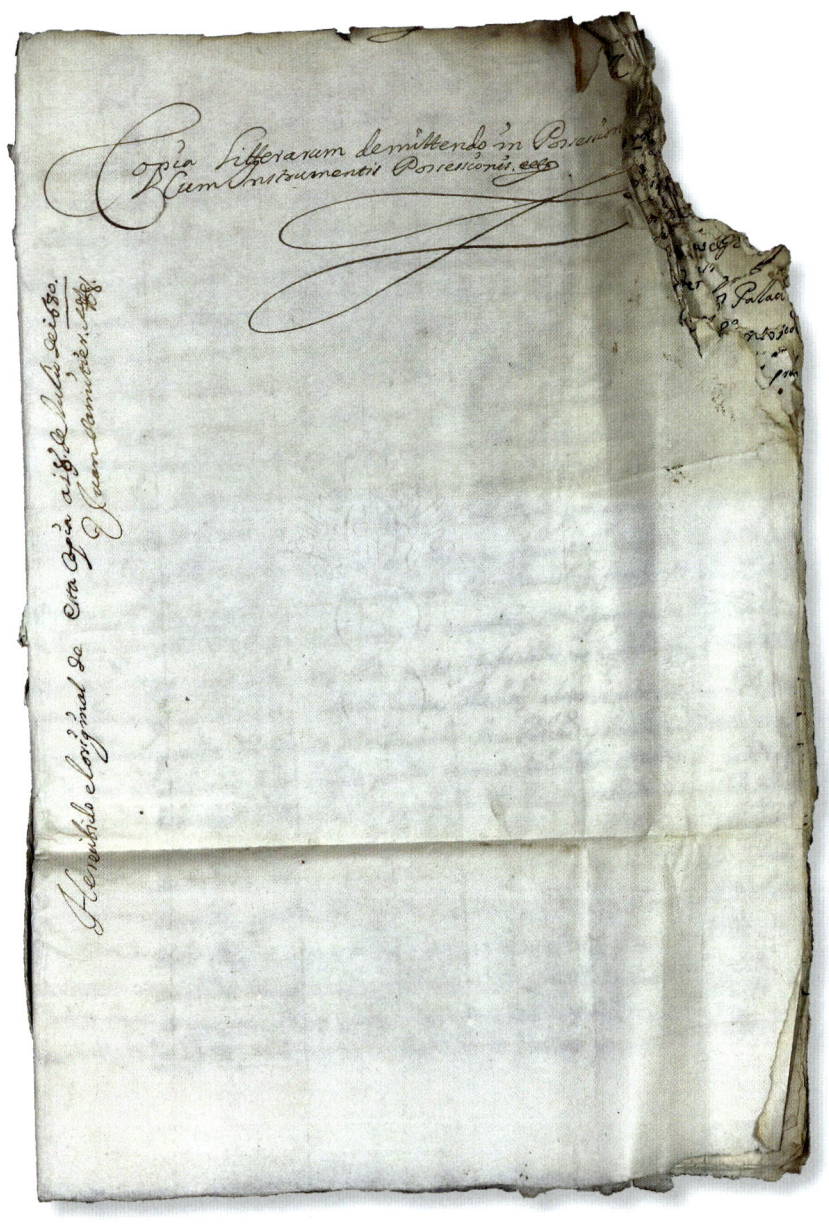

Proceso de aprehensión a instancia del Prior y monasterio de Santa Engracia de Zaragoza, contra la iglesia del Salvador de Ejea de los Caballeros, sobre posesión de dos raciones. Real Audiencia de Aragón, 1671. AHPZ, Catálogo de pleitos civiles de 1381 a 1711, n. 305, ff.10v-11r.

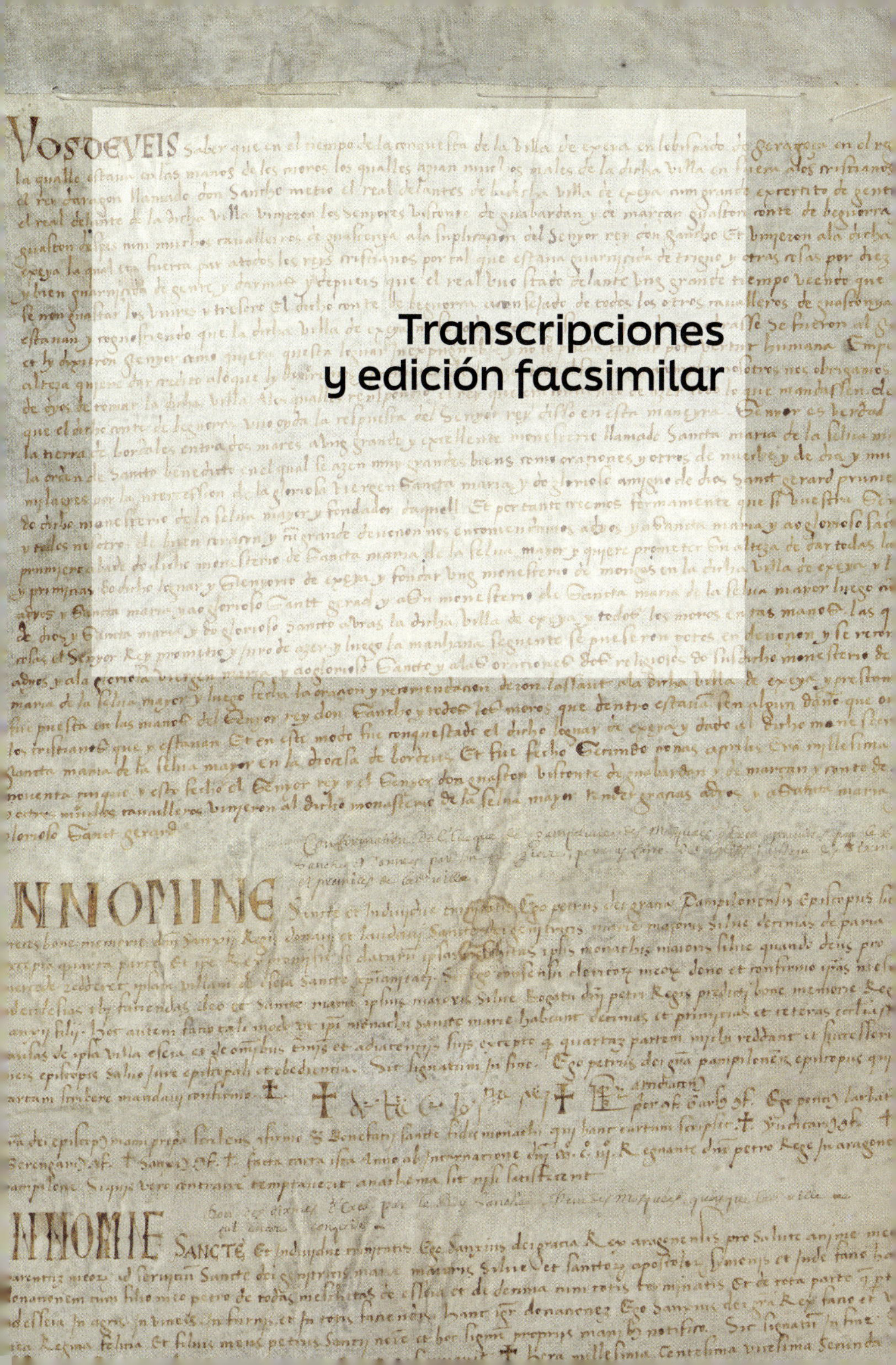

Transcripciones y edición facsimilar

Versión A

Actes de l'Académie royale des sciencies, belles-letres et arts de Bordeaux. 1839-04-01

Documents extraits du cartulaire de l'Abbaye de la Seauve, sur le prieuré d'Exea, en Aragón; par M. Rabanis, pp. 313-329.

Vos debedes saber que en el tempo de la conquista del rey don Sancho, vino el compte de Bigorra et Gaston Despes noble, et otros cavalleros de gascucnya et del rey en la conquista de Exea; Viendo el rey et el compte et los otros nobles et cavalleros que tanto era de fuert el lugar que non la podian aver del poder de los moros infieles: Dixo el compte de Bigorra et don Gaston Despes et los otros cavalleros al rey. Señor sepias que aqueste lugar y es muy fuert et ha tanto tempo que lo tenemos cercado et no la podemos aver et señor si fuese tu merce que tu quisieses fazer una cosa que nos te diremos con la ayuda de nro señor Dios tu avrias el lugar a tu mano. Et el senor rey dixo les que toda aquella cosa quellos le disiesen, que la compleria por tal quel pudiese aver el lugar a su mano. Las horas el compte et los cavalleros le dixeron. Señor sapias que en gascuenya ha un monasterio que se clama de Santa-Maria de La Selva major y alle se fazen muytos de miraglos por virtus de nuestro señor Dios et meritos de cuerpo santo que alle ha el qual ha nombre San-Geralt. En el qual dito monasterio se cumplen humildosamente los mandamientos de la ley et las obras de misericordia; endo se fazen muytas almosnas e muytos bienes piadosament. Las horas el señor rey oydos et entendidos los miraglos e virtudes quel nro señor Dios demostrava per meritos del sancto, dixo al compte et a los cavalleros: que cosa y es aquesta que me demandades que yo faga? et el compte et el noble et los cavalleros le dixeron: nos non podemos aver ni cubrar aqueste lugar de Exea sino y es con la ayuda de Dios e de la virgen Maria e de aqueste cuerpo sancto de señor Sant-Geralt de La Selva major: et merce tuya y es asaber que tu nos prometas et jures en presencia nuestra a Dios y a Sancta-Maria et al cuerpo sancto de señor Sant-Geralt de La Selva major que si ellos nos ayudan et nos fazen bien e merce que nos hemos victoria et esfuerço de vencer los infieles et cobrar el dito lugar de Exea a nuestra mano que tu nos atorgues et nos des Iuego de continent, agora et a todos tempos jamas, las decimas et primicias de pan et de vino et de olivas et de cannamos et de linos et de ganados grossos et menudos et de todas aquellas cosas fructíferas portantes fruttos sobre tierra. Las horas el senor Rey otorgolesne et juro et prometio al nuestro senor Dios Jhu Xro et a Santa-Maria et al cuerpo sancto de Sant-GeraIt de La Selva major que todas horas quel teniese el dito lugar de Exea a su mano por conquista del poder de los moros infieles, et el nuestro señor Dios et Sancta-Maria et senor Sant-Geralt les daba virtud et esfuerço et valor de vencer los infieles de manera quel dito lugar pudian cobrar et aver a su mano, quel daba e die las decimas todas et promitias entieramus de todas aquellas cosas spacificadas e ordenadas de partes desusd. et suplicadas por los ditos compte el noble et cavalleros al señor Rey. Las horas los ditos compte el noble et cavalleros feytas las arogarias del senor Rey fezieron oración et comendoron se devotamus con lagrimas plorando de los susquellos et con suspiros gemegando et ben curando se al nro señor Dios et Santa-Maria e al cuerpo sancto de señor Sant-Geralt del monasterio de La Selva major, del qual fue el primero abbas. Estando confessados de todos sus pecados, aviendo contrición de aquellos et perseverando en verdadera penitencia todos comuniment seyendo concordes aviendo sperança et buena fé en nro señor Dios et en la virgen Santa-Maria et en el cuerpo sancto de senor Sant-Geralt de la selva major, fueron a combatir el dito lugar de Exea muy fuertment de mañera quel dito lugar por bella conquista entraron el lugar de la dita villa de Exea, et lo prendieron assi en esta mañera a su mano. Et mataron los moros et abieron victoria de los infieles et despues en taqua han seydo todas las decimas et promicias sobreditas del lugar de la dita villa de Exea del dito monasterio de Santa-Maria et del cuerpo Santo de señor Sant-Geralt de la selva major a honor del quel fue feyta la conquista. E fue edificada gleisa et casa et ciminterio de entro et demas fortaleza del cuerpo del lugar de la dita villa clamada abbadia de Exea en la qual fuesen recollidas todas las ditas decimas et promicias del dito lugar a todos tempos juxta lo prometimento feyto por el senor Rey sobredito a los ditos compte et noble et cavalleros. Feyta fue aquella conquista del lugar de la dita villa de Exea, nonas aprilis anno dmnce incarnationis MXCVJ.

Lo sobredito fue sacado bien y fielmente de un libro antigo de pargamino escrito de mano intitulado segun se contiene en las dos primeras lineas de la primera plaña de la hoja precedente, y dello doy fe jo.

Francisco Bayetola

Versión A*

[Tomada de la anterior]

La prise de Ejea de los Caballeros par le comte de Bigorre et des chevaliers de Gascogne.

Par Francis Beigbeder. *Bulletin de la Société Ramond*, 2019 (154e année, page 99 à 136).

Vos debedes saber que en el tempo de la conquista del rey don Sancho, vino el compte de Bigorra et Gaston Despes noble, et otros cavalleros de gascuenya et del rey en la conquista de Exea ;

Viendo el rey et el compte et los otros nobles et cavalleros que tanto era de fuert el lugar que non lo podian aver del poder de los moros infieles : Dixo el compte de Bigorra et don Gaston Despes et los otros cavalleros al rey : *Señor sepias que aqueste lugar y es muy fuert et ha tanto tempo que lo tenemos cercado et no lo podemos aver et señor si fuese tu merce que tu quisieses fazer una cosa que nos te diremos con la ayuda de nro señor Dios tu avrias el lugar a tu mano.*

Et el señor rey dixo les que toda aquella cosa quellos le disiesen, que la compleria por tal quel pudiese aver el lugar a su mano.

Las horas el compte et los cavalleros le dixeron : *Señor sapias que en gascuenya ha un monasterio que se clama de Santa-Maria de La Selva major y alle se fazen muytos de miraglos por virtus de nuestro señor Dios et meritos de cuerpo santo que alle ha el qual ha nombre San-Geralt. En el qual dito monasterio se cumplen humildosamente los mandamientos de la ley et las obras de misericordia ; endo se fazen muytas almosnas e muytos bienes piadosament.*

Las horas el señor rey oydos et entendidos los miragles e virtudes quel nro señor Dios demostrava per meritos del sancto, dixo al compte et a los cavalleros : *Que cosa y es aquesta que me demandades que yo faga ?* et el compte et el noble et los cavalleros le dixeron : *Nos non podemos aver ni cubrar aqueste lugar de Exea sino y es con la ayuda de Dios e de la virgen Maria e de aqueste*

cuerpo sancto de señor Sant-Geralt de La Selva major : et mercetu-
ya y es asaber que tu nos prometas et jures en presencia nuestra a
Dios y a Sancta-Maria et al cuerpo sancto de señor Sant-Geralt de
La Selva major que si ellos nos ayudan et nos fazen bien e merce
que nos hemos victoria et esfuerço de vencer los infieles et cobrar
el dito lugar de Exea a nuestra mano que tu nos atorgues et nos
des luego de continent, agora et a todos tempos jamas, laç decimas
et primicias de pan et de vino et de olivas et de caññamos et de
linos et de gañados grossos et menudos et de todas aquellas cosas
fructiferas portantes fruttos sobre tierre.

Las horas el señor Rey atorgolesne et juro et prometio al nuestro señor Dios Jhu Xro et a Santa-Maria et al cuerpo sancto de
Sant-Geralt de La Selva major que todas horas quel teniese el dito
lugar de Exea a su mano por conquista del poder de los moros infieles, et el nuestro señor Dios et Sancta-Maria et señor Sant-Geralt
les daba virtud et esfuerço et valor de vencer los infieles de mañera
quel dito lugar pudian cobrar et aver a su mano, quel daba e die las
decimas todas et prometias entierament de todas aquellas cosas
spacificadas e ordenadas de partes desusd. et suplicadas por los
ditos compte el noble et cavalleros al señor Rey.

Las horas los ditos compte el noble et cavalleros feytas las arogarias del señor Rey fezieron oracion et comendoron se devotament
con lagrimas plorando de los susquellos et con suspiros gemegando
et ben curando se al nro señor Dios et a Santa-Maria e al cuerpo
sancto de señor Sant-Geralt del monasterio de La Selva major, del
qual fue el primero abbas.

Estando confessados de todos sus pecados, aviendo contricion
de aquellos et perseverando en verdadera penitencia todos comuniment seyendo concordes, aviendo sperança et buena fé en nro
señor Dios et en la virgen Santa-Maria et en el cuerpo sancto de
señor Sant-Geralt de la selva major, fueron a combatir el dito lugar
de Exea muy fuertament, de mañera quel dito lugar por bella conquista entraron el lugar de la dita villa de Exea, et lo prendieron
assi en esta mañera a su mano. Et mataron los moros et abieron
victoria de los infieles et despues en taqua han seydo todas las

decimas et promicias sobreditas del lugar de la dita villa de Exea del dito monasterio de Santa-Maria et del cuerpo Santo de señor Sant-Geralt de La Selva major a honor del qual feyta la conquista. E fue edificada gleisa et casa et ciminterio de entro et demas fortaleza del cuerpo del lugar de la dita villa clamada abbadia de Exea en la qual fuesen recollidas todas las ditas decimas et promicias del dito lugar a todos tempos juxta lo prometimento feyto por el señor Rey sobredito a los ditos compte et noble et cavalleros.

Feyta fue aquella conquista del lugar de la dita villa de Exea, nonas aprilis anno dmnce incarnationis MXCVJ.

Lo sobredito fue sacado bien y fielmente de un libro antigo de pargamino escrito de mano intitulado segun se contiene en las dos primeras lineas de la primera plaña de la hoja precedente, y dello doy fe jo.

Francisco Bayetola

Versión B[15]

Thesaurus novus anecdotorum. Tomus primus, complectens regum ac principum, aliorumque virorum illustrium epistolas et diplomata bené multa. Prodit nunc primùm studio et opera Domni Edmundi Martene et Domni Ursini Durand, presbyterorum et monachorum Benedictinorum è Congr. S. Mauri.

Lutetiae Parisiorum. 1717
Edmond Martène

NOTITIA DE EXPUGNATA URBE EXEA A SANCIO ARAGONUM REGE, & exturbatis ex ea Mauris.

Vos devedes saber, que en lo tempo de la conquista del Rey don Sanche vino el compte de Bigorra, & Gaston Despez noble, & otros cavalleros de Gascuenya & del rey en la conquista de Exea, & viendo el rey & el compte, & los otros nobles & cavalleros, que tanto era fuerte el lugar que no lo podian aver del poder de los Moros enfieles dixo el compte de Bigorra, & don Gaston Despez, & los otros cavalleros al rey: Senor, sepias que aqueste lugar y es muy fuert, & a tanto tempo que lo tenemos cercado, & no lo podemos aver, & Senor, si fuesen tu... que tu quisieses faser , una cosa que nos te diremos , con la ajuda de nostro Senor Dios, tu aurias el lugar a ta mano. Et el senor rey dixo Iez: Que toda aquella cosa quellos le disiesen que la compliria por tal que pudien se aver el lugar a sa mano. Las horas, el compte & los cavalleros le diseron: Senor, sepias que en Gascuena li a un monasterio que se clama de Sancta Maria de La Selva Mayor, & alli se fazen muntos de miraglos por virtud de nuestro Senor Dios, en meritos de un cucipo sancto que elle ha, el qual ha nombre san Geralt, en el qual dito monasterio se complen humildosament los mandamientos de la ley & las obras de misericordia, en do se fazen muntas almosnas & muntos bienes piedosament. Las horas, el senor rey oydos entendidos los miraglos e virtudes qu'el nuestro Senor Dios demonstrava per meritos del sancto, dixo al compte & a los cavalleros, que cosa es aquefta que me demandades que yo faga, & el compte, & el noble, & los

15 https://archive.org/details/ThesaurusNovusAnecdotorum1/page/n207/mode/2up

ita est fideliter impletum. Uterque ego videli-
cet & uxor mea ad facro-fanctum altare acces-
fimus, & coram multis idoneis teftibus hanc
delegationem perfecimus. Non multò poft me
indignum fervum fuum, Dei promovente cle-
mentia, ut crucem meam poft ipfum bajularem
memetipfum abnegavi, & à pio patre HUGO-
NE Cluniacenfi abbate fanctæ religionis habi-
tum fufcepi. Hoc itaque modo, me à fæculo
decedente, & prædicta filia poft paululum de-
functa, domina illa quondam in fæculo uxor,
nunc in Chrifto foror mea, me interveniente
jam factam donationem in manu YVONIS
prioris penes fupradictam fanctorum marty-
rum ecclefiam iteravit & confirmavit, & pro
inveftitura totius donationis ad præfens quic-
quid in burgo qui eidem ecclefiæ adjacet, Luperciaco veteri cognominato, habebat, vide-
licet fervos & ancillas, confuetudines juftas vel
injuftas, fratribus ipfius loci, fine ullo retina-
culo liberum perpetualiter poffidere conceffit,
exceptis his de quibus aliqui milites ante pri-
mam donationem cafati fuerant, à quibus tamen ea cùm vellent, vel in vita vel in morte
ecclefiæ reftitui confenfit. Anguftias quoque
loci ipfius, quibus incolæ nimium artabantur,
metis circumquaque remotius à vico difpofitis
ad habitacula five alia commoda facienda di-
latavit: omnes etiam terras ipfius ecclefiæ, ubi-
cumque effent, ab omni confuetudine, fi quam

in eis juftè vel injuftè habuerat, penitus abfol-
vit: habitatoribus ipfius loci ufuaria tam in
aquis, quàm in filvis benignè conceffit. Caf-
trum fupradictum cum appendiciis fuis quo
ad ufque de fæculo vel morte vel habitus mu-
tatione recederet fibimet refervavit, & ipfum
ficut mihi fe juraffe coram multis affeuit nul-
lo fe impedimento perturbaturam magnopere
promifit. Ut autem hæc rata & inconvulfa per-
maneant, nomina teftium qui interfuerunt fub-
notantur. Signum YVONIS prioris Clunia-
cenfis, Signum HUGONIS Luperciacenfis,
qui hoc donum fecit, Signum HEINRICI
olim Sueffionenfis epifcopi, tunc Clunienfis mo-
nachi, S. Lamberti capellani, & Chriftiani
presbyteri, S. Gaufridi de Jaliaco, S. Abonis
de Butode, S. Rotgerii de Marriaco, S. Ro-
berti de Limone & Hugonis Borni & Girber-
ti de Luperciaco, & Uberti de Marroclas, &
Walcherii militis & Hugonis de Senguer, S.
Ebrardi de Sengue & Walterii de Scel, & fi-
lii ejus Rainaldi, & Richardi de Luciaco, &
Hugonis de S. Francherio. Signum Frotmun-
di de Talaico, Signum Hugonis de Breto-
neria, & Gualterii de Sengue. Acta funt hæc
in Luperciaco veteri anno ab Incarnatione Domini MXCIII indictione I. epacta I. olimpiadis
verò CCCCLXXIIII. anno II. regnante PHI-
LIPPO rege Francorum anno XXXIIII.

NOTITIA DE EXPUGNATA URBE EXEA A SANCIO ARAGONUM REGE, & exturbatis ex ea Mauris.

Anno 1091.
Ex codice
vetuftiori.

VOs devedes faber, que en lo tempo de la
conquifta del Rey don SANCHE vino
el compte de Bigorra, & GASTON DESPEZ
noble, & otros cavalleros dè Gafcuenya & del
rey en la conquifta de Exea, & viendo el rey
& el compte, & los otros nobles & cavalleros,
que tanto era fuerte el lugar que no lo podian
aver del poder de los Moros enfieles dixo el
compte de Bigorra, & don GASTON DESPEZ,
& los otros cavalleros al rey: Senor, fepias que
aquefte lugar y es muy fuert, & a tanto tempo que lo tenemos cercado, & no lo podemos
aver, & Senor, fi fueffes tu.... que tu quifie-
fes fafer, una cofa que nos te diremos, con la
ajuda de noftro Senor Dios, tu aurias el lugar
a ta mano. Et el fenor rey dixo lez: Que toda
aquella cofa quellos le diffeffen que la compliria
por tal que pudien fe aver el lugar a fa mano.
Las horas, el compte & los cavalleros le difer-
ron: Senor, fepias que en Gafcuena li a un
monafterio que fe clama de Sancta Maria de la
Selva Mayor, & alli fe fazen muntos de miraglos por virtud de nueftro Senor Dios, en meritos de un cucipo fancto que elle ha, el qual
ha nombre fan GERALT, en el qual dito monafterio fe complen humildofament los mandamientos de la ley & las obras de mifericordia,
en do fe fazen muntas almofnas & muntos bienes piedofament. Las horas, el fenor rey oydos
& entendidos los miraglos e virtudes qu'el

NOtum eft vobis, quo tempore rex San-
cius armis augendæ ditioni fuæ incum-
bebat, veniffe comitem Bigerrorum & nobilem
virum GUASTONEM DESPEZ, aliofque nobiles equites ex Vafconia cum regiis nonnullis ad
Exeam expugnandam. Cùmque viderent rex
atque comes, necnon alii nobiles equites, ufque adeo munitum effe locum, ut non poffet
infidelibus Mauris abripi; tum comes Biger-
renfis, & D. GUASTO DESPEZ, aliique equites regi dixerunt: Tam arduum munimentum,
domine, quod à tanto tempore obfidemus, expugnare non poffumus; fi tamen volueris, domine, quam tibi indicabimus rem facere, Deo
opitulante, locum expugnaturus es. Refpondit
rex, fe quidquid propofuerint facturum effe,
ut munimentum affequi poffit. Tum comes &
equites: Domine, inquiunt, notum fit tibi in
Vafconia effe monafterium, dictum Beatæ Mariæ de Sylva-Majore, ubi miracula multa per
Dei virtutem, & per merita fancti cujufdam
ibi quiefcentis, cui nomen fanctus GERALDUS,
eduntur. In ifto autem monafterio humiliter
explentur præcepta legis & opera mifericor-
diæ; ibidem multæ eleemofynæ erogantur,
multaque pia opera eduntur. Tunc dominus
rex, auditis miraculis & virtutibus, quas Dominus Deus nofter per merita iftius fancti ope-
rabatur, comiti & equitibus dixit: Quid autem
me vultis facere? Refponderunt comes, nobiles,

nueftro Senor Dios demonftrava per meritos **A**
lel fancto, dixo al compte, & a los cavalleros,
que cofa es aquefta que me demandades que
yo faga, & el compte, & el noble, & los cavalleros le dixeron: nos non podemos aver ni
cobrar aquefte lugar de Exea, fi no y es la adjudada de Dios & de la Vergen MARIA, & de
aquefte cucipo fancto de Senor fant GERALT
de la Seuva-mayor, & mercé tu y a: y es a faber que tu nos prometas & jurés en prefencia
nueftra a Dios, y a fancta MARIA, & al cucipo fanto de fenor fan GERALT de la Selva- **B**
mayor, que fi ellos nos ajudan, & nos fazen
bien e meil que nos hemos victoria, & es fuerfa
de vencer los infieles, & cobrar el dito lugar
de Exea a nueftra mano, que tu nos atorgues,
& nos dez luego de continent apora & a todos
tempos jamas las decimas & primicias de pan
& de vino, & de olivas & de conjamos, & de
linos & de ganados groffos & menudos, & de
todas aquellas cofas ruft:feras portantes fruito
fobre tierra. Las horas del fenor rey otorga lef-
ne: Et juro, & prometio al nueftro Senor Dios
JESU-CHRISTO, & a fanta MARIA, & a cu- **C**
cipo fanto de fant GERALT de la Selva-
mayor, que toda, hora qu'el teniefe el dito
lugar de Exea a fu mano por conquifta del
poder de los Mores infieles, & el nueftro Senor
Dios, & fanta MARIA, & fenor fant GERALD
es daba virtud, & esfuerfo & valor de vencer
los infieles, en manera qu'el dito lugar podian
cobrar y aver a fu mano, qu'el daba & die las
decimas todas, & primicias entegrament de
todas aquellas cofas fpecificadas & ordenadas
de partes defufd. & fuplicados por los ditos **D**
compte, & noble, & cavalleros. Faytas las
arogarias del fenor rey, fixieron oracion, & le
comendaren fe devotament con lagrimas plorando de los fus güellos, & con fufpiros gemegando, & recomando fe al nueftro Senor Dios,
& a fanta MARIA, & al cucipo fanto de fenor
fant GERALT del monafterio de la Selva-mayor,
del qual fué el primero abbas. Eftando con-
feffados de todos fos peccados avien contricion
de aquellos, & perfeverando en verdadera penitentia, todos comunement feyendo concordes, aviendo fperanfa & veria fé en nuefto Senor Dios, & en la Vergen fanta MARIA, & **E**
en el cucipo fanto de fenor fant GERALT de la
Selva-mayor, fueron a combatir el dito lugar
de Exea muy fuerment; de manera qu'el dite
lugar por bella conquifta entraron el lugar de
ladita villa de Exea, & lo prendieron affi en
efta manera a fu mano, & materon los Moros,
& avieron victoria de los infielos, & depuez en
ça qua han feydo todas las decimas & primicias fobreditas del lugar de ladita villa de Exea ey
dito monafterio de fanta MARIA, & del cucipo fanto del fenor fant GERALD de la Selva-
mayor, honor del qual fué feyta la conquifta, & fué edificada glefia, & cafa, & ciminterio
dentra ..... fortalefa de cucipo del lugar de ladita villa, clamada abbadia de Exea, en laqual
fueren recollidas todas lafditas cecimas & primicias del dito lugar a todos tempos, juxto lo pio
merviuento feyto por el fenor rey fobreditos a los ditos compte, & noble, & cavalleros. Feyte
fué aquefta conquifta del lugar de ladita villa de Exea Nonis Aprilis, anno Dominicæ Incarnationis MXCV.

& equites: Hunc locum de Exea occupare,
vel acquirere non poffumus fine auxilio Dei,
Virginis Mariæ, & iftius fancti Geraldi de
Sylva-majore; quamobrem opus eft, ut pro-
mittas nobis, & præfentibus nobis juramentum
præftes Deo, fanctæ Mariæ, & fancto Geraldo
de Sylva-majore, te, fi nobis auxilium præftâ-
re velint, nobifque victoriam contra infideles
concedere, ac munimentum de Exea in manus
noftras tradere, conceffurum ftatim effe, atque
in perpetuum decimas & primitias panis & vi-
ni, & olivarum, & linorum & gregum ma-
jorum, minorumve pecudum, omniumque rerum agri fructum ferentium. Tunc dominus
rex illud conceffit, ac juramento confirmavit,
promifitque Domino Deo noftro JESU-
CHRISTO, & fanctæ Mariæ, & iſu ſancto
Geraldo de Sylva majori, fe, cùm primùm locum de Exea expugnare potuerit, & Mauros
infideles fuperare, fi, inquit, Dominus Deus,
& beata Maria, & dominus fanctus Geraldus,
virtutem fortitudinemque fibi dederint ad vin-
cendos infideles, ita ut memoratus locus in po-
teftatem fuam cedat, daturum primitias ac decimas integras illarum omnium rerum fuprà
memoratarum, & poftulatarum à comite, no-
bilibus, & equitibus prædictis. Cùmque rex
hæc pollicitus effet, orationem emiferunt, &
cum lacrymis gemitibufque fe devotè commen-
daverunt Domino noftro Deo, beatæ Mariæ,
& ifti fancto Geraldo monafterii de Sylva ma-
jore, cujus primus abbas fuerat. Cùmque pec-
cata fua omnia cum contritione confeffi effent,
& in vera pœnitentia perfeverarent, omnes
concordi animo, fpe ac verâ fide muniti, ergà
Dominum Deum, beatam Virginem Mariam,
& iftum fanctum D. Geraldum de Sylva-majore, expugnationi memorati loci de Exea for-
titer incubuerunt, in illudque oppidum Exeæ
irruperunt, captoque loco Mauros occiderunt,
ac victoriam de infidelibus reportarunt; atque
ab illo tempore decimæ ac primitiæ fupradictæ
loci de Exea pertinuerunt ad memoratum monafterium beatæ Mariæ, & fancti Geraldi de
Sylva-majori, in cujus honorem locus expug-
natus eft; ædificataque eft ecclefia, domus, &
cœmeterium intra oppidum & munimentum
de Exea, quæ ecclefia vocata eft Abbatia de
Exea, in qua collectæ fuere prædictæ decimæ
& primitiæ ejufdem loci omni tempore, juxta
piam promiffionem factam à dicto domino rege
ad memoratos, comitem, nobiles, & equites.
Facta eft hæc expugnatio loci de Exea Nonis
Aprilis, anno Dominicæ Incarnationis MXCV.

R iij

«Notitia de Expugnata Urbe Exea a Sancio Aragonum Rege». *Thesaurus novus anecdotorum...* (1717)

cavalleros le dixeron: nos non podemos aver ni cobrar aqueste lugar de Exea, si no y es la adjudada de Dios & de la Vergen Maria, & de aqueste cucipo santo de Senor sant Geralt de la Seuva-mayor, & mercé tu y a: y es a saber que tu nos prometas & jurés en presencia nuestra a Dios, & a Sancta Maria, & al cucipo santo de senor san Geralt de La Selva-mayor, que si ellos nos ajudan, & nos fazen bien e meil que nos hemos victoria, & es fuersa de vencer los infieles, & cobrar el dito lugar de Exea a nuestra mano, que tu nos atorgues, & nos dez luego de continent apora & a todos tempos jamas las decimas & primicias de pan & de vino, & de olivas & de conjamos, & de linos & de ganados grossos & menudos, & de todas aquellas cosas rustiferas portantes fruito sobre tierra. Las horas el senor rey otorga lesne: Et juro, & prometio al nuestro Senor Dios Jesu-Christo, & a santa Maria, & a cucipo santo de sant Geralt de La Selva-mayor, que toda hora qu'el teniese el dito lugar de Exea a su mano por conquista del poder de los Mores infieles, & el nuestro Senor Dios, & santa Maria, & senor sant Gerald les daba virtud, & esfuerso & valor de vencer los infieles, en manera qu'el dito lugar podían cobrar & aver a su mano, qu'el daba & die las decimas todas, & primitias entegrament de todas aquellas cosas specificadas & ordenadas de partes desusd. & suplicadas por los ditos compte, & noble, & cavalleros. Faytas las arogarias del senor rey, fizieron oracion, & comendaren se devotament con lagrimas plorando de los sus güellos, & con suspiros gemegando, & recomando se al nuestro Senor Dios, & a santa Maria, & al cucipo santo de senor sant Geralt del monasterio de La Selva-mayor, dei qual fue el primero abbas. Estando confessados de todos sos peccados avien contricion de aquellos, & perseverando en verdadera penitentia, todos comunement seyendo concordes, aviendo speransa & veria fé en nuestro Senor Dios, & en la Vergen santa Maria, & en el cucipo santo de senor sant Geralt de Ia Selva-mayor, fueron a combatir el dito lugar de Exea muy fuertment; de manera qu'el dite lugar por bella conquista entraron el lugar de ladita villa de Exea, & lo prendieron assi en esta manera a su mano, & materon los Moros, avieron victoria de los infielos, & depuez e ça qua han seydo todas las decimas & primicias sobreditas del lugar de ladita villa de Exea el dito monasterio de santa Maria, & del cucipo santo del senor sant Gerald de La Selva-mayor, honor del qual fue feyta la conquista, & fue edificata glesia, & casa, & ciminterio dentra ... fortalesa de cucipo del lugar de ladita villa, clamada abbadia de Exea, en laqual fueren recollidas todas Iasditas decimas & primicias del dito lugar a todos tempos, juxto lo piometuviento feyto por el senor rey sobreditos a los ditos compte, & noble, & cavalleros. Feyte fué aquesta conquista del lugar de ladita villa de Exea Nonis Aprilis, anno Dominicae Incarnationis MXCV.

Versión C

AHPZ, Catálogo de pleitos civiles de 1381 a 1711, n. 305, ff.10v-11r.
1671, Zaragoza
Proceso de aprehensión a instancia del Prior y monasterio de Santa Engracia de Zaragoza, contra la iglesia del Salvador de Ejea de los Caballeros, sobre posesión de dos raciones.
Real Audiencia de Aragón
Rollo encuadernado en pergamino

Conquista de la villa de Exea de los Caualleros

{1} En el nombre de la Sancta Trinidad, Padre, et fillo Espíritu Santo, una Gloria poderosa.

{2} Vos deuedes saber que en el tiempo de la aquista del Rey D. Alonso, {3} vino el compte de Bigorra et Gastón D'Espés noble, et otros caua{4}lleros de Gaschueyna et del Rey en la conquista de Exea, et {5} viendo el Rey, et el Compte, et los otros Nobles, et Caualleros {6} que tanto era de fuert el lugar que non la podían hauer del {7} poder de los moros infieles, dixo el compte de Bigorra et {8} don Gastón D'Espés et los otros caualleros al Rey: Señor, {9} sepiás que aqueste lugar yes muy fuerte et ha tanto tiempo {10} que lo tenemos cerquado, et non lo podemos hauer. Et señor si {11} fuesse tu merce que tu quisiesses fazer una cosa que nos te {12} diremos con la ayuda de Nº Señor Dios, tú habrías el lugar {13} a tu mano. Et el señor Rey díxoles que toda aquella cossa {14} que ellos le dixessen, que la cumpliría por tal que él pudiesse {15} hauer el lugar a su mano. Las oras, el compte {16} et los caualleros le dixeron: Señor, sepiás que en Gaschue{17}nya ha un monasterio que se clama de Sancta María {18} de La Selva Mayor, et allí se fazen muytos milagros por {19} virtud de nuestro Señor Dios, et muitos de un cuerpo san{20}cto que allí ha, et qual ha nombre Sanct Geralt, en {21} el qual dito monasterio se cumplen humildosament {22} los mandamientos de la ley, et las obras de misericordia, {23} endo se fazen muytas almosnas e muytos bienes pia{24}dosament. Las oras, el señor Rey, oydos y entendidos los mi{25}lagros et virtudes que el Nuestro Señor Dios demostraua {26} por méritos del sancto, dixo al compte et a los caualleros: {27} ¿qué cosa yes aquesta que me demandades que yo faga? {28} Et el compte, et el noble et los caualleros le dixeron: {29}

Nos non podemos hauer ni cobrar aqueste lugar de Exea {30} si no yes con la ayuda de Dios et de la Virgen María {31} et de aqueste Cuerpo Sancto de Señor Sanct Geralt {32} de La Selva Mayor et merce tuya. Yes asaber que {33} tú nos prometas et jures en presencia nuestra a Dios {34} et a Sancta Maria, et al cuerpo sancto de Señor San {35} Geralt de La Selva Mayor, que si ellos nos ayudan et {36} nos fazen bien et mercé que nos hemos vitoria et {37} esfuerço de vencer los infieles, et cobrar el dito lugar {38} de Exea a nuestra mano, que tú nos atorgues et nos des Iuego de continent, agora et a todos tiempos jamás {39}, las dézimas et promicias de pan et de vino et de olivas {40} et de cányamos, et de linos, et de ganados gruessos et {41} menudos et de todas aquellas cossas fructíferas portantes {42} fructo sobre tierra. Las horas, el señor Rey atorgó{43} lesne, et juró, et prometió al Nuestro Señor Dios Jesu{44}christo, et a Sancta María et al cuerpo sancto {45} el señor Sanct Geralt de La Selva Mayor que todas {46} horas que él teniesse el dito lugar de Exea a su mano {47} por aquesta del poder de los Moros infieles en el {48} Señor Dios et Sancta María, el señor Sanct Geralt et les {49} daua virtud, et esfuerço, et valor de vencer los infieles {50} de manera que el dito lugar podían cobrar y hauer a su {51} mano, que él daua, et die las dézimas et primicias {52} todas entegrament de todas aquellas cosas espacificadas, et {53} ordenadas de partes de susso et suplicadas por los ditos {54} compte et noble et caualleros al dito señor Rey {55}. Las oras, los ditos compte, et noble, et caualleros, feytas {56} las arrogarias del señor Rey, fizieron oración et {57} comandóronse deuotament con lágrimas, plorando de los {58} sus güellos, et con suspiros gemecando, et reconcilián{59}dose al Nuestro Señor Dios, et a Sancta María et al {60} cuerpo Sancto de Señor San Geralt del monasterio {61} de la Selua Mayor del qual fue el primo abbat. {62} Estando confessados de todos sus pecados, hauiendo de {63} aquellos, et perseuerando en uerdadera penitencia, todos {64} comunment, seyendo concordes, hauiendo esperança {65} et buena fe en Nuestro Señor Dios et en la Virgen Sancta María, et en el cuerpo sancto de señor San {66} Geralt de La Selva Mayor, fueron a combater al dito {67} lugar de Exea muyt fuertement, et de manera {68} que el dito lugar por bella conquista entraron el {69} lugar de la dita Villa de Exea, et lo prendieron {70} assí en esta manera a su mano, et mataron los mo{71}ros et hauieron victoria de los infieles, et después {72} entacá han seydo todas las dézimas et primicias sobre{73}ditas del lugar de la dita villa de Exea del dito mo{74}nasterio de Sancta María, et del cuerpo sancto de {75} señor San Geralt de La Selva Mayor, a honor del {76} qual fue feyta la conquista et fue edificada glesia {77} et casa et ciminterio dentro en la más fortaleza {78} del cuerpo del lugar de la dita villa clamada Ab{79}badía de Exea, en la qual fuessen recollidas todas {80} las dézimas et primicias del dito lugar a todos tiempos {81} iuxta lo prometimento feyto por el señor Rey sobredito {82} a los ditos compte, et noble et caualleros. Feyta fue {83} aquesta conquista del lugar de la dita villa de Exea {84} *nono aprilis, anno Dominis incarnationis M.º C.º X.º*

Conquista de la Villa del Rea de los
Caualleros

En el nombre de la Sancta Trinidad, Padre, et Fillo Espiritu
Sancto vna essencia poder &ª.

Vos devedes saber q. en el tiempo dela aguista del Rey D. Alfso
vino el Compte de Bigora, et Gaston de pes Noble, et otro Caua
llero de Guschuerña et del Rey. En la aguista del xra, et
viendo el Rey, et el Compte, et los otros Nobles, et Caualleros
q tanto era de fuert el Lugar q non lo podien hauer del
poder delos Moros Infieles, dixo el Compte de Bigora et
Don Gaston del pes et los otros Caualleros al Rey: Señor
Señor q aquest lugar y es muy fuert, et ha tanto bien
q lo tenemos enguar, et non lo podemos hauer. Et Señor si
fuesse tu merçe q tu quisiesses fazer vna cosa q nos te
Diremos con la ayuda de nro Señor Dios tu habries el lugar
et tu mano. Et el Señor Rey dixoles q toda aquella cosa
q ellos le dixessen q la cumpliria por tal q el pudiesse
hauer el Lugar a su mano. las oras el Compte
et los Caualleros le dixeron Señor Sepias q en Guschue
ña ha vn Monesterio q se clama de Sancta Maria
dela Selva mayor, et alli se fazen muytos milagros por
virtud de nro Señor Dios, et mientes de vn cuerpo Sa
ito q alli ha el qual ha nombre Sant Geralt, en
el qual dito Monesterio se cumplen humildossament
los mandamientos dela Ley, et las obras de Misericordia

ordo se fazen muytas almosnas, y muytos bienes pia
Osament. Las oras el Señor Rey oydos y entendidos los mi
lagros et virtudes qe el nro Señor Dios se mostraua
por merecos del Sancto dixo al Comte et a los Caualleros
que cosa y es aquesta que me demandades, que yo fago
et el Comde, et el noble et los Caualleros le dixen
Nos non podemos hauer ni cobrar aquelle lugar de Exea
sino y es con la ayuda de Dios et de la Virgen Maria
et de aquelle Cuerpo Sancto de Señor Sant Perall
de la Selua mayor et merce suya. Y es a saber que
si nos prometes et Jures en presencia nuestra a dios
et a Sancta Maña, et al Cuerpo Sancto de Señor San
Perall de la Selua mayor, que si ellos nos ayudan et
nos fazen bien et merce, q nos hemos vitoria et
esfuerço de vencer los infieles, et cobrar el dito lugar
de Exea a nuestra mano, que si nos otorgues et
nos des luego de continent, agora et a todos tiempos Jamas
las dezimas et primicias de pan et de vino et de oliuas
et de Cañamos, et de lino, et de ganados gruesso et
menados et de todas aquellas cosas fructiferas por tantos
fructo sobreuiene. Las horas el Señor Rey atorgo
se lo, et juro, et prometio al nro Señor Dios Jesu
Cristo, et a Sancta Maña et al Cuerpo Sancto

De Señor Sanct Gerald de la Selva Mayor, que todas
horas que el teniesse el dito lugar de traer a su mano
por aquesto el poder delos Moros infieles en el
Señor Dios et Sancta Maria, et Señor Sanct Gerald les
daria vertud, et esfuerzo, et valor de vencer los infieles
de manera que el dito lugar podria obrar y haver a su
mano a Deus et Dava, et dar los dezimas et primicias
de las en cargimient de todas aquellas cosas espacificadas, et
ordenadas de partes delpasso et suplicadas por los ditos
Compte, et Nobles, et Cavallers al dito Señor Rey.
Las cuales las ditos Compte, et Nobles, et Cavallers fechas
las arengarias del Señor Rey, fizieron oracion et
comandoronje devotament con sagrimas plorando delos
sus guellas, et con suspiros gemiendo, et encomilian
dose al Nuestro Señor Dios, et a Sancta Maria et al
Cuerpo Sancto de Señor San Gerald de su Monest-
de la Selva Mayor del qual fue el primo Abbal.
Et stando confessado de todos los pecados haviendo de
aquellos, et penitenciando en verdadera penitencia todas
comunament seyendo Concordes haviendo esperanca
et bueneza en Nuestro Señor Dios et en la virgen
Sancta Maria, et en el Cuerpo Sancto del Señor San

Gerat de la Selva mayor. fueron a combater el dia
lugar del Exea muyt fuertement, et demanera
que el dito lugar por bella conquista entraron el
lugar de la dita villa del Exea, et lo prendieron
assi en esta manera a fu mano, et mataron los moros et hicieron victoria de los infieles, et despues
entonces han seydo todas las dezimas et primicias tira
citras del lugar de la dita villa de Exea del dito monasterio de Sancta Maria, et del cuerpo sancto de
senyor San Gerat de la Selva mayor. A honor del
qual fue feyta la conquista et fue edificada Iglesia
et casa et ciminterio dentro en la mas fortaleza
del cuerpo del lugar de la dita villa llamada Abbadia del Exea, en la qual fuessen recollidas todas
las dezimas et primicias del dito lugar a todo tiempo
justa lo prometimiento feyta por el senyor Rey sobre
a los ditos comptes, et nobles, et cavalleros. y es la
aquesta conquista del lugar de la dita villa de Exea
nono abriles, Anno Domini Incarnationis M°XX°C°
M°C°X°.

Versión C*

Idea de Exea. Compendio histórico de la muy noble, y leal villa de Exea de los Caballeros.

Joseph Felipe Ferrer y Racaj. Monje prior de Latiesas en el Real Monasterio de San Juan de la Peña...

[Consta todo esto por una Escritura presentada en Autos año 1675, en el pleyto que se seguía ante la Real Audiencia de este Reyno sobre Patronato de las Raciones de Exea, de cuya apreciable antigualla copiaremos á la letra el mencionado pasage, que dice así:]

«Et el Compte, & el Noble, & los Caballeros le dixeron [al Rey]: Nos non podemos haber ni cobrar aqueste Lugar de Exea sino yes con la ayuda de Dios, & de la Virgen Maria, & de aqueste Cuerpo Santo de Señor Sanct Geralt de La Selva-Mayor, & Mercè tuya, yes à saber, que Tu nos prometas, y jures en presencia nuestra à Dios, & à Santa Maria, & al Cuerpo Santo de Señor Sanct Geralt de La Selva Mayor, que si ellos nos ayudan, & nos hacen bien, & mercè que nos hemos vitoria, & esfuerzo de vencer los Infieles, & cobrar el dito Lugar de Exea à nuestra mano, que Tu nos otorgues, & nos des luego de continent agora, & á todos tiempos jamàs las Decimas, Primicias de pan, & de vino, & de olivas, & de caniamo, & de linos, & ganados gruesos, & menudos, & de todas aquellas cosas fructíferas portantes fruto sobre tierra. Las horas [equivale à entonces] el Señor Rey otorgòles, & jurò, & prometió al Señor Dios Jesu-Christo, & à Santa Maria, & al Cuerpo Santo del Señor Sanct Geralt de Selva-Mayor, que todas horas [si entonces] les daba virtud, & esfuerzes, & valor, de manera que el dito Lugar podían cobrar, él daba, & die las Decimas, y Primicias de aquellas cosas esficificadas de parte suso. Feytas las ditas arrogarias del Señor Rey facieron oracion, & comendaronse devotamente con lagrimas plorando de los sus guellos, & con suspiros gemecando; & estando confessados de todos sus pecados, & perseverando en verdadera penitencia, todos siendo concordes, habiendo esperanza, & buena fe en nuestro Señor Dios, & en la Virgen Santa Maria, & en el Cuerpo Santo del Señor Sanct Geralt del Monasterio de La Selva-Mayor, del qual fue el primo Abad, fueron à combatir el dito Lugar» [...].

[La Escritura citada prosigue refiriéndola con estas palabras:]

«Por bella Conquista entraron el Lugar de la dita Villa de Exea, & lo prendieron asi en esta manera a su mano, & mataron los Moros & habieron vitoria de los Infieles».

IDEA DE EXEA.

COMPENDIO

HISTORICO

DE LA MUY NOBLE , Y LEAL

VILLA DE

E X E A

DE LOS CABALLEROS.

ESCRITO

POR DON *JOSEPH FELIPE FERRER Y RACAX,*
natural de la misma Villa,

Monge Prior de Latiesas en el Real Monasterio de San Juan de la Peña , de Benedictinos Claustrales , &c.

CON LAS LICENCIAS NECESARIAS.

En Pamplona ; En la Imprenta de Benito Cosculluela , Impresor , y Mercader de Libros.
AÑO MDCCLXXXX.

Versión D

Archives départementales de la Gironde, Cartulaire de La Sauve pour ses possessions d'Espagne, H 8, f.3 [996]-1312
Relato de la toma de Ejea
Rollo en pergamino

{1} Vos devéis saber que, en el tiempo de la conquesta de la villa de Exeya, en l'obispado de Çeragoça, en el Regno d'Aragón, {2} la qualle estaua en las manos de los moros, los qualles azían muchos males de la dicha villa, en fuera a los cristianos; mas {3} el rey d'Aragón, llamado don Sancho, metió el real delantes de la dicha villa de Exeya, cum grande excército de gente. Siendo {4} el real delante de la dicha villa vinjeron los senyores visconte de Guabardán y de Marçán, Guastón, conte de Beguorra y Don {5} Guastón d'Espés cum muchos caualleiros de Guasconya a la inplicación del Senyor Rey Don Sancho. Et vinjieron a la dicha villa de {6} Exeya, la qual era fuerta par a todos los reys cristianos por tal que estaua guarnjçida de triguo y otras cosas por dieze anyos, {7} y bien guarnjçida de gente y d'armas. Y depuéis que el real vuo stado delante vng grande tiempo veendo que no azían {8} se non guastar los viures y tresoro, el dicho conte de Beguorra, aconsejado de todos los otros caualleros de Guasconya que aý {9} estauan, y cognosçiendo que la dicha villa de Exeya no se podía tomar se non que Dyos y obrasse, se fueron al Senyor Rey {10} et ly dixieron: Senyor, como qujera qu'esta loguar jnexpugnable y no se pueda tomar por vertut humana, empero si su {11} alteza qujere dar crédito a lo que ly dixiéremos y promete de lo azer todo, obseruar y acomplir, nosotros nos obrigamos cum la gracia {12} de Dyos de tomar la dicha villa. A los qualles renspondjó el rey que era contiento de azer todo lo que mandassen. Depuéis {13} que el dicho conte de Beguorra vuo oyda la respuesta del Senyor Rey, disso en esta maneyra: Senyor, es verdad que en {14} la tierra de Bordales, entra dos mares, a vng grande y excellente monesterio llamado Sancta María de la Selua Mayor, de {15} la Orden de Sancto Benedicto, en el qual se azen muy grandes biens, como oraçiones y otros de nueche y de día, y muchos {16} mjlagres por la jntercessión de la gloriosa Viergen Sancta María y d'o glorioso amjguo de Dios, Sanct Gerard, prumero abade {17} d'o dicho monesterio de La Selua Mayor y fondador d'aquell. Et por tanto, creemos fermamente que si vuestra senyoría {18} y todos nosotros de buen coraçón y cum grande deuoçión nos encomendamos a Dyos y a Sancta María y a o glorioso Sanct Gerard, {19} prumjero abade d'o dicho monesterio de Sancta María de la Selua Mayor, y qujere prometer en alteza de dar todas las décimas {20} y primjcias d'o dicho loguar y Senyorío de Exeya y fondar vng monesterio de monges en la dicha villa de Exeya y lo dar {21} a Dyos y Sancta María y a o glorioso Sanct Gerard y a su monesterio de Sancta Maria de la Selua Mayor, luego, cum la gracia {22} de Dios y Sancta María y d'o glorioso Sancto, abrás la dicha villa de Exeya y todos los moros en tas manos, las qualles {23} cosas el Senyor Rey prometió y juró de azer. Lucgo la manhana seguente se pueseron totos en deuoçión y se recomendaron {24} a Dyos y a la gloriosa Viergen María y a o glorioso Sancto y a las oraçiones d'os religiosos d'o susdicho monesterio de Sancta {25} María de la Selua Mayor. Y luego fecha la oración y recomendación, deron l'assaut a la dicha villa de Exeya y, prestamente, {26} fue puesta en las manos del Senyor Rey Don Sancho y todos los moros que dentro estauan, sen algún danyo que oujessen {27} los cristianos que y estauan. Et en este modo fue conquestado el dicho loguar de Exeya y dado al dicho monesterio de {28} Sancta María de la Selua Mayor, en la Diócesa de Bordeus. Et fue fecho, scriuido, *nonas aprilis era mjlessima {29} nouenta cinque*. Y esto fecho, el Senyor Rey y el Senyor don Guastón, visconte de Guabardán y de Marçán y conte de Beguorra, {30} y otros muchos cauailleros vinjeron al dicho monesterio de la Selua Mayor render gracias a Dyos y a Sancta María y a o glorioso Sanct Gerard.

Versión E

(occitano)

Vos debés saber que en lo temps de la conquête de la ville de Exea de la diocese de Saragosse, loquar (laquau) era en las mans deus Sarrasins, losquaus de la dita vila en fora fasen mot redemaus aus Chrestians ; lo Rey de Aragon aperat Don Sancho, meto lo seti debant la deita vila de Exea, am gran evercitut (exercitut) de poble ; et estant lo deyt, s'en bengo lo Viscompte de Gavardan et de Marsan, Gaston Compte de Begorre et Don Gaston d'Espes, am grandmen de Cabaleys de Gasconha, à la requesta deudeit Sancho Rey et pregarias, devant la deita vila de Exea, laquau era tresque forta à tot los Reys de Chrestians, et era ben abitalhada per dets ans, et munida de totas autres provisions d'armes e de Sarrasins.

Et quant lo seti fut estal (estat) un grand temps debant la deita vila, beden que res no y fasen, sino gastar lor tresaur, vivres et gens. Lo dit Compte de Begorra agut consels (conselhs) am tots los autres Cabaleys de Gasconha, que la deita vila era inexpugnabla, et que no se pode conquestar per obre de home humanau, sino que fus per vertut divinau ; s'en aneren envert lo deit Rey, en lo disen com lodeit loc era fort et inexpugnable à tots los Reys, sino que vengut per vertut divinau. Empero si lodeit Rey bole creire lur conselh, et jura promettre et sagorar de far et complir tot so que lo conselheren, que els auren lodeit loc, megensen la gracia de Diu et de la Verges Maria, et d'eu glorios sant S. Geraut premei Abat de la Seube-Major en Bordelés. Auquau Compte de Begorra et Cabaleys respongè lodeit Reys, que el era content de tot en tot far et complir tot vostre voler.

Auquau Rey disto (dissot) lodeit Compte : « *Senhor, es vertat que en Bordolés, entre deus (dues) mars, a un solempne Monestey de Monges de l'Ordre de Sent Benedeit, en laquau (loquau) se fan mol (mot) grandes haumoynes, e de santes orations de neyt et de jorn continuadamen, et grandamen de miragles per la intercession de la gloriosa Verges Maria, et deu glorios S. Geraud, premei Abat deudeit Monastey de la Seuba, et fondador de aquel. Que si tu et tot nos autres, de bon cor, am grande devocion, nos bolen recommandar à*

*Diu, à la Verges Maria, et audeit glorios sant S. Geraud premei Abat ;et volhes donar totas las decimas, primicies, que se poyran creisse en tota la senhoria deus deit loc de Exea, et fondar un Monastey de Monges, et hoc donar à Diu et à la Verges Maria et audeit Sent Geraud, et au bon Monastey de nostra Dona de la Seube, de quique tu ages en ta man et senhoria et t*enhor deus deits Sarrasins. Asso *premeis feit, donat et sagorat à qui medis, megensan (megensen) la gracia Divinau et de la Verges Maria et deudeit glorios Sant Geraud, tu auras lodeit loc en ta potestat* ». Losquaus (Lasquaus) causas lodeit Rey prometo, juret et sagoret de hoc complir et far.

Et en après lendeman bon matin, tot se meteren en devocion, en se recommandar à Diu et à la Verges Maria et au glorios sant S. Geraud dessusdeit, et las orations deus bons religios deu deit Monastey, et à qui medis feita leurs orations et recommendations, commenceren à donar l'assaut formen audeit loc de Exea, en lo-quau loc aqui vesiblemen entreren dedens lo dit loc, et subjuge-ren (subjugueren) tots losdeits Pagans Moros à lur senhoria, sens nulhes tornes, que no poguren far ni nulha defencion encontra lodeit Rey de Aragon, Gaston Compte de Begorra, ni contra nulh Chrestian, et en tau maneira fut conquestat lodeit loc de Exea et donat à la Seube, so es assaber *II. Nonas Aprilis anno Dominicoe Incarnationis MXCV.*

Loquau Rey am lodeit Gaston Vescompte de Gavardan et de Marsan et Compte de Begorre, am gran nobessa (noblessa) de Ca-balaria vengoren à qui medis feita la conquesta devotamen audeit Monastey de la Seube, rende à Diu et la Verges Maria et audeit Sant Geraud, rendre graces et mercés.

Erreurs de transcriptions: la transcription des *fragmens d'Es-tiennot*, semble présenter des erreurs de lecture du parchemin ori-ginal, je propose quelques corrections au fur et à mesure du texte. On peut aussi noter quelques hésitations graphiques, finales fémi-nines en *e* ou en *a* par exemple, et quelques emprunts à la langue d'oïl : *ville, conquête, vivre, leurs*... Parfois on peut hésiter entre erreur de transcription et convention graphique : *els, aquels* pour *ets, aquets* par exemple.

Este libro,
que evoca intercambio
y traspaso de fronteras políticas
y lingüísticas,
se dejó listo para ser presentado
en torno al Día Europeo de las Lenguas
(26 de septiembre de 2025)

Detalle de la Virgen del Pilar en la decoración exterior del
ábside de la iglesia parroquial de San Pedro de La Sauve
(Gironde, Nouvelle Aquitaine). Foto: Roberto Viruete